H.R.

Gŵr â Chymru yn ei Galon

Cyflwynir y gyfrol hon i'r rhai sydd wedi ymdrechu
yn ddiflino dros Gymru a'r Gymraeg dros y degawdau
a hynny ar adegau yn ddiddiolch

H.R.

Gŵr â Chymru yn ei Galon

TREFNYDD CYNTAF PLAID GENEDLAETHOL CYMRU

GLYN TOMOS

y olfa

Argraffiad cyntaf: 2025

Cynllun y clawr: Y Lolfa

Rhif Llyfr Rhyngwladol: 978 1 80099 786 8

Cyhoeddwyd, rhwymwyd ac argraffwyd yng Nghymru gan
Y Lolfa Cyf., Talybont, Ceredigion SY24 5HE
gwefan www.ylolfa.com
e-bost ylolfa@ylolfa.com
ffôn 01970 832 304

Hoffai'r awdur ddiolch o galon i'r canlynol am eu cymorth ariannol tuag at gostau cyhoeddi'r gyfrol:

Cangen Llŷn o Blaid Cymru; Hywel Williams; Ceir Cymru, Bethel; Dafydd Whiteside Thomas; Meirion Thomas; Cymdeithas Hanes Plaid Cymru; Penri Williams; Aled Eirug; Helen W. Sutherland; Delyth Fôn Tomos; Alun Roberts; Gwynedd Williams; D. Arthur Williams.

Diolch hefyd am gymorth ymarferol gan:

Richard Owen am olygu'r gyfrol; Ieuan Roberts, nai Mai a Priscie Roberts a mab eu brawd Idwal Roberts; Rhian Tomos; Dafydd Wigley; Dafydd Iwan; Tony Elliott; Nia Powell; Howard Huws; Richard Wyn Jones; Meirion Thomas; Richard Jones; D. Hywel Davies; Neville Williams; Mair Read; Andrew Edwards; Owen Roberts; y diweddar Gareth Roberts; y ddiweddar Annette Bryn Parri; Rob Evans; Siwan Jones; Ysgol Gwaun Gynfi, Deiniolen; Helen W. Sutherland; Lowri Williams; Ieuan Wyn; Staff Archifdy Gwynedd, Caernarfon; Staff Archifau a Chasgliadau Arbennig Prifysgol Bangor; Staff Llyfrgell Genedlaethol Cymru; Staff Llyfrgell Caernarfon a Staff Llyfrgell Prifysgol Bangor.

Ac yn olaf, diolch i bawb yn y Lolfa sydd wedi cynorthwyo gyda chynhyrchu'r llyfr – yn benodol, Lefi Gruffudd a Robat Trefor.

Cynnwys

Cyflwyniad gan Dafydd Wigley

MAE COEDEN YN tyfu o'i gwreiddiau i fyny; felly hefyd unrhyw fudiad sydd am oroesi.

Yng nghyfnod dathlu canmlwyddiant Plaid Cymru, bu llawer o drafod am wreiddiau'r 'Blaid Fach'. Mae hi bellach yn goeden sylweddol, gyda'r rhagolygon o ddod, cyn hir, y fwyaf oll yng nghoedwig wleidyddol Bae Caerdydd. Y goeden dalaf sy'n gweld yr haul... a hefyd yn dal y gwynt. Mae gwreiddiau, felly, yn hynod bwysig.

H.R. Jones, Deiniolen (1894-1930), ffocws y gyfrol amserol hon gan Glyn Tomos, oedd y cyntaf i ymgyrchu o ddifri o fewn ei gymuned yn Arfon dros sefydlu mudiad gyda'r nod penodol o greu gwladwriaeth Gymreig. Bu creu Gwladwriaeth Rydd Iwerddon, yn 1922, yn ysbrydoliaeth fawr iddo.

Er mwyn ennyn cefnogaeth i'w syniadau, aeth H.R. ati i ysgrifennu toreth o erthyglau a llythyrau i'r wasg Gymraeg, a oedd bryd hynny yn ei hanterth. Trefnodd gyfres o gyfarfodydd yn y Queen's Cafe Caernarfon rhwng 1921 a 1925 i ddenu pobl oedd yn rhannu ei weledigaeth o 'Ymreolaeth i Gymru'. Llwyddodd i ddenu gwladgarwyr o Arfon, Môn ac Eifionydd gan gynnwys y Prifathro Thomas Rees, Coleg Bala Bangor, ac eraill o'r Brifysgol ym Mangor.

Bu sôn am greu 'Byddin Ymreolaeth', ond erbyn

Rhagfyr 1924 crisialwyd y nod o greu mudiad gwleidyddol i ymgyrchu dros wladwriaeth Gymreig. Ffactor bwysig a sbardunodd y datblygiad hwn oedd canlyniad yr Etholiad Cyffredinol a gynhaliwyd ar 29 Hydref, 1924, gan i lywodraeth gyntaf y Blaid Lafur chwalu ar ôl cwta naw mis. Cafodd y Blaid Ryddfrydol gweir waeth fyth, gan grebachu i 40 AS dros Brydain gyfan – a Lloyd George yn cael y bai.

Dyma'r trydydd etholiad cyffredinol rhwng 1922 a 1924; ac ni chafwyd yr un gair am ddyfodol Cymru ym maniffesto yr un o'r pleidiau Prydeinig yn yr etholiadau hynny. Ar ôl cyfnod rhwng 1868 a 1920 pan fu Cymru ar frig yr agenda (o leiaf o ran siarad) gan y Blaid Ryddfrydol yng Nghymru ac wedyn gan y Blaid Lafur yn ei dyddiau cynnar, roedd bellach wagle gwleidyddol. Dyma'r cyfle i ffurfio plaid newydd Gymreig.

Mewn cyfarfod yn y Queen's Cafe, ar 20 Rhagfyr 1924 pasiwyd cynnig gan Evan Alwyn Owen, Rhyd-ddu i greu mudiad newydd o dan yr enw 'Plaid Genedlaethol Cymru'. Byddai'r blaid newydd yn noddi ymgeiswyr seneddol, yn cydweithio â chenedlaetholwyr yn yr Alban, ac yn cefnogi ennill sedd i Gymru yng Nghynghrair y Cenhedloedd.

Dyma oedd gwir ddyddiad geni Plaid Cymru; ond gyda'i gwreiddiau yng Ngwynedd yn unig, go brin y gellid ei disgrifio fel plaid 'genedlaethol'.

Felly mabwysiadwyd dyddiad pen blwydd swyddogol y Blaid fel adeg y 'cyfarfod sefydlu' yn ystod Eisteddfod Genedlaethol Pwllheli 1925. Yn symbolaidd, bryd hynny daeth ynghyd dri o'r gogledd, Lewis Valentine, H.R. Jones a Moses Griffith, a thri o'r de, Saunders Lewis, D.J. Williams a'r Parch Fred Jones, i ffurfio Pwyllgor Gwaith cyntaf 'Plaid Genedlaethol Cymru'.

Ganwyd H.R. Jones yn Neiniolen, pentref oedd â'i economi yn llwyr ddibynnol ar Chwarel Dinorwig, a oedd yn ei hanterth yn cyflogi dros dair mil o weithwyr. Fe gawn yn y gyfrol hon hanes y gŵr hynod hwn, gan ddechrau gyda'i blentyndod yn y pentref ac yna'i brofiad fel chwarelwr, cyn i'r diciâu ei lesterio. Cawn ddarlun o'i ymdrechion arwrol i sefydlu mudiad gwleidyddol cenedlaethol, ei ymlafnu diflino fel Ysgrifennydd Cyffredinol cyntaf Plaid Cymru, ei benderfyniad yn mynnu sefydlu papur misol *Y Ddraig Goch* ac yn trefnu Ysgol Haf ryfeddol 1926. Cydweithiodd yn llwyddiannus gyda Saunders Lewis, er gwaethaf – neu oherwydd – y tensiwn creadigol anorfod oedd rhyngddynt. Cawn ddarllen am ei ran yn etholiad seneddol cynta'r Blaid yn 1929 a'i holl waith hyd ei farwolaeth gynnar yn 1930, a nifer o'r teyrngedau hael a dalwyd iddo gan arweinwyr y Mudiad Cenedlaethol ar ôl ei farwolaeth annhymig.

Fel un o fro Deiniolen, mae'r awdur yn deall y ffactorau a daniodd uchelgais H.R. a'i gyfeillion – cymaint ohonynt hwythau hefyd yn blant bröydd y lechen las, rhai megis Evan Alwyn Owen (Rhyd-ddu), Kate Roberts (Rhosgadfan) a Gwilym R. Jones (Tal-y-sarn). A cheir cipolwg yma o'r rhan bwysig yn natblygiad y Blaid a chwaraewyd gan ddwy chwaer o Ddeiniolen – Mai a Priscie Roberts.

Mae rhan allweddol Mai Roberts yn haeddu cyfrol arall yn ei hawl ei hun oherwydd trwyddi hi y cafodd H.R. Jones glywed fod Saunders Lewis wedi ffurfio grŵp cyfrinachol yng nghyffiniau Caerdydd i weithio i warchod yr iaith Gymraeg a gwareiddiad cenedlaethol Cymru. Cymerodd H.R. arno'i hun i ysgrifennu at S.L. ar 26 Chwefror 1925 i'w wahodd i ymuno â'r Blaid Genedlaethol yr oedd H.R. a'i gyfeillion newydd ei sefydlu! Cafodd, gyda throad y post, ateb, amodol ond cadarnhaol, gan S.L. yn cydnabod ei fod dan ddyletswydd i ymuno â'r Blaid a sefydlwyd gan H.R., gan fod 'llwyddiant Cymru heddyw yn gofyn am undeb'.

Roedd gweledigaeth H.R. ar gyfer ei filltir sgwâr yn mynd tu hwnt i'r maes gwleidyddol. Roedd o natur yn chwilfrydig, gan weld pob math o bosibiliadau economaidd ar ei garreg drws, ar gyfer lles ei gymuned. Rhagwelodd bwysigrwydd darparu trydan, ac amlinellodd gynllun ar gyfer cynhyrchu trydan o ddŵr Llyn Marchlyn – a daeth hyn yn ffaith yn ein cyfnod ni, gyda chynllun trydan-dŵr enfawr y CEGB.

Fe ragwelodd gynhyrchu trydan ar raddfa fawr trwy felinau gwynt ar hyd arfordir Cymru. Ceisiodd sicrhau rheilffordd newydd i gysylltu Deiniolen â'r rhwydwaith trenau; a disgrifiodd yn fanwl ble oedd cyflenwadau o fineralau gwerthfawr y gellid eu datblygu fel sail cyflogaeth leol, pan ddeuai oes y chwareli llechi i ben. Sylweddolodd hefyd fod hunanlywodraeth yn amod anhepgor i ddatblygu potensial economaidd Cymru.

Dyma'r cyn-chwarelwr, na chafodd addysg ysgol uwchradd na choleg, yn gweld yr angen am ryddid i'w wlad ar sail anghenion ei gymdeithas – yn economaidd, yn gymdeithasol ac yn ddiwylliannol. O greu mudiad fyddai'n berthnasol i'w fro, gallai wedyn ehangu ei ymdrechion ledled Cymru. Wrth dyfu o'r gwreiddiau hyn, gallai ledaenu ei orwelion i greu mudiad a fyddai'n greiddiol i barhad y genedl.

Aberthodd H.R. Jones ei bopeth, ei iechyd, ei fywyd, a'i ychydig geiniogau prin, i sefydlu mudiad cenedlaethol a chael plaid wleidyddol a'i gwreiddiau yn nhir Cymru.

Pan ddaw Plaid Cymru i arwain Llywodraeth Cymru, a phan gawn, yn llawnder yr amser, ein hannibyniaeth fel cenedl, da fydd cofio mai o 'erwau crintach yr ychydig geirch' ym mröydd y garreg las y tarddodd y weledigaeth wleidyddol i droi dyhead gwladgarol yn sylfaen i'n dyfodol cenedlaethol, a hynny trwy ddyn gyda'r weledigaeth, y dycnwch a'r ymroddiad i wireddu breuddwyd.

1

Rhagarweiniad

'Gŵr â Chymru yn ei Galon'

DYNA DDISGRIFIAD SAUNDERS Lewis o Hugh Robert Jones, neu H.R. fel y byddai'n cael ei adnabod gan lawer.[1] Gŵr wedi ei eni yn 1894 oedd H.R. a'i fagu ym mhentref Ebenezer (fel y gelwid pentref Deiniolen ar y pryd) yn ardal chwarelyddol Arfon. Ef oedd un o arloeswyr cynnar Plaid Genedlaethol Cymru yn ystod dauddegau'r ganrif ddiwethaf a'r un a ddaeth yn Drefnydd cyntaf y Blaid honno.

Y bwriad yw ceisio bwrw goleuni ar sut y bu i ddyn ifanc o bentref chwarelyddol yng ngogledd Cymru, a adawodd yr ysgol yn 13 oed a mynd i Chwarel Dinorwig i weithio, ddod yn feddyliwr a gweledydd o'r fath am Cymru ei wlad. Beth a ddylanwadodd arno a sut arweinodd hynny at ei argyhoeddiad gwleidyddol o geisio sicrhau ymreolaeth i Gymru? Beth oedd yn ei yrru ac yntau yn dioddef o'r diciâu, afiechyd a fu yn ei lethu am flynyddoedd lawer ac a arweiniodd at ei farwolaeth gynnar yn 36 oed yn 1930?

Mae hon yn gyfrol amserol gyda Phlaid Cymru yn dathlu ei phen blwydd yn 100 oed eleni, a hefyd pan ystyriwn dwf a phoblogrwydd mudiad Yes Cymru dros y blynyddoedd diwethaf.

Nid oes cyfrol benodol wedi ei hysgrifennu am H.R.

Jones cyn hyn. Yn hytrach ceir cyfeiriadau ato mewn nifer o gyfrolau am hanes cychwyn cenedlaetholdeb yng Nghymru ac mewn cyfrolau gan genedlaetholwyr a gydoesai ag ef yn y blynyddoedd a arweiniodd at sefydlu Plaid Genedlaethol Cymru, neu Plaid Cymru fel yr adnabyddir hi erbyn hyn. Yn y cyfrolau hyn ceir darlun o'r gŵr ei hun a'i ymroddiad llwyr, er ei iechyd bregus, i ymdrechu'n ddigyfaddawd dros genedl y Cymry. Dyma yn ôl ei gyfaddefiad ef ei hun oedd ei grwsâd mewn bywyd, hyd yn oed os byddai raid iddo aberthu'i fywyd ei hun i wireddu hynny.[2]

Dangosodd ddewrder rhyfeddol wrth geisio hyrwyddo cenedlaetholdeb yn y cyfnod cyn ac ar ôl y Rhyfel Byd Cyntaf pan oedd gan y Rhyddfrydwyr, ac wedyn y Blaid Lafur, afael mor gref ar wleidyddiaeth Cymru. Defnyddiodd y wasg leol a chenedlaethol yn helaeth i hyrwyddo'i weledigaeth gan dargedu pobl ifanc yn y lle cyntaf, a chan dynnu sylw at y diffyg cefnogaeth i'r Gymraeg ac achos Cymru'n gyffredinol. Arweinodd hyn ef i sefydlu Byddin Ymreolaeth Cymru ac yna Plaid Genedlaethol Cymru ar ddiwedd 1924 yng Nghaernarfon, cyn symud ymlaen wedyn i chwarae rhan ganolog yn y cyfarfod hanesyddol pan sefydlwyd Plaid Genedlaethol Cymru o'r newydd ym Mhwllheli yn ystod wythnos yr Eisteddfod Genedlaethol yn y dref honno ym mis Awst 1925.

Cafodd ei ddylanwadu'n fawr gan yr hyn a ddigwyddodd yn Iwerddon yn y cyfnod 1913-22 ac yn ôl y rhai oedd yn ei adnabod roedd ganddo wybodaeth eang am hanes gwrthryfelgar y Gwyddelod. Roedd wedi ei ysbrydoli gan rai o brif arweinwyr mudiad Sinn Fein a byddai'n sôn am bobl fel Padraig Pearse, Michael Collins ac Arthur Griffith. Yn ôl Saunders Lewis: 'H.R. oedd yr unig un yn ein plith y gellid dychmygu am Michael Collins yn rhoi swydd iddo'.[3]

Wrth ddilyn ei hanes ceir cyfle i adnabod rhai o'i gyd-genedlaetholwyr yn Arfon nad ydynt wedi derbyn cydnabyddiaeth deilwng am eu gwaith diflino ac aberthol yn sefydlu a hyrwyddo'r Blaid Genedlaethol yn y dyddiau cynnar. Un ohonynt oedd Evan Alwyn Owen o Ryd-ddu, a ddioddefai o'r un afiechyd â H.R. a'r ddau yn marw o fewn pythefnos i'w gilydd. Hefyd dwy chwaer o Ddeiniolen – Mai a Priscie Roberts – y ddwy yn genedlaetholwyr pybyr a chadarn ac yn gymdogion ac yn ffrindiau i H.R. Drwy lygaid Mai Roberts yn arbennig ceir tystiolaeth werthfawr am H.R. gan iddi rannu baich Trefnydd y Blaid gydag ef ar un cyfnod, ac yn ehangach, hanes ei phrofiad fel ysgrifennydd preifat i E.T. John, Aelod Seneddol Rhyddfydol ar un adeg, oedd yn gefnogol i hunanlywodraeth, a gŵr a ddaeth â hi i gysylltiad â rhai o wleidyddion amlycaf Prydain ar y pryd.

Trwy gydol ei gyfnod fel trefnydd ceir cofnod amhrisiadwy o'r herio a'r gwatwar personol y bu iddo ei ddioddef o du gwrthwynebwyr y Blaid wrth iddo fynd ati i drefnu cyfarfodydd cyhoeddus ac apelio am gefnogaeth i'r blaid newydd hon. Er nad oedd yn cael ei ystyried yn drefnydd effeithiol iawn gan rai o'i gyd-genedlaetholwyr roedd ei ymroddiad a'i gariad tuag at y gwaith yn rhyfeddol.

Yn yr un cyfnod ceir blas o berthynas H.R. fel Trefnydd â Saunders Lewis fel Llywydd y Blaid – un yn academydd a llenor blaenllaw a'r llall yn un o'r werin bobl. Dangosir parch y naill tuag at y llall tra ar yr un pryd y tensiwn a fodolai rhwng y ddau yn y cyfnod cyn sefydlu Plaid Genedlaethol Cymru ac yn y blynyddoedd oedd i ddilyn. Yr un pryd ceir cyfeiriadau at ei berthynas gyda Lewis Valentine a D.J. Williams yn arbennig.

Trwy'r gyfrol cyfeirir ato fel H.R. gan mai dyna fyddai pawb yn ei alw.

Bwriedir i'r gyfrol hon adrodd am ddewrder a gweledigaeth y gŵr arbennig yma a sut y bu iddo ef a'i gyd-genedlaetholwyr cynnar osod y sylfaen i Blaid Cymru fel y gwyddom ni amdani heddiw.

2

Dyddiau Cynnar

FE ANWYD H.R. ar 3 Mehefin 1894, y plentyn cyntaf o bedwar i Robert Hugh Jones ac Ellen Jones oedd yn byw ym mhentref Ebenezer (Deiniolen i ni heddiw) yn ardal Gwyrfai yn Arfon. Ym mhlwyf Llanddeiniolen yr oedd Ebenezer, pentref chwarelyddol tua milltir i ffwrdd o Chwarel Lechi Dinorwig, un o chwareli llechi mwyaf gogledd Cymru ar y pryd.

Priododd ei rieni ar 6 Rhagfyr 1893 a chynhaliwyd y briodas yn y Swyddfa Gofrestru yng Nghaernarfon. Ar y pryd roedd y tad yn 28 oed a'r fam yn 26 oed, a'r ddau yn byw yn Stryd Fawr y pentref. Teulu uniaith Gymraeg oeddynt a'r tad yn chwarelwr yn Chwarel Dinorwig.

Roedd ei dad, Robert Hugh Jones, yn perthyn i hen deulu Bodnithoedd yn Llŷn, ond roedd yn enedigol o Ebenezer. Cafodd ef ei eni yn 1866, yn un o dri o blant, y fo oedd yr hynaf ac wedyn roedd dwy chwaer, Elizabeth a Dora Sarah. Ei rieni yntau oedd Hugh D. Jones, yn wreiddiol o Landwrog, a Mary Jones o Glynnog. Roedd Hugh D. Jones yn gweithio fel groser.[1]

Roedd mam H.R., Ellen Jones, o wehelyth John Elias ac Ieuan o Lŷn. Cafodd ei geni yn 1867 yn Gleyn, Llaniestyn, Sir Gaernarfon.[2] Enw'i thad oedd Henry Jones ac ar ôl iddo ef fod ar y môr fe symudodd i weithio yn Chwarel Dinorwig.

Pan anwyd H.R. roedd ei rieni yn byw yn Glyn Terrace, Ebenezer cyn symud wedyn rownd y gornel i 8 View Terrace (neu 8 Tai Gweledfa erbyn hyn). Symud unwaith yn rhagor i 6 Deiniol Road (neu Ffordd Deiniol) ac yna i 15 Caradog Place (neu 15 Lle Caradog, sef yr enw a ddefnyddiai H.R.), lle bu H.R. farw yn 36 oed yn 1930.

Tai teras dafliad carreg oddi wrth ei gilydd oedd y rhain. Pam yr holl symud? Efallai yr angen am fwy o le i fagu plant neu chwilio am dŷ o safon gwell? Stad y Faenol oedd perchnogion y tai, ac roedd eu cyflwr yn hynod o ddiffygiol. 'Yr oedd llawer o'r cartrefi'n rhy fychan a thywyll i fagu teuluoedd mawr ynddynt, a'r cyflogau'n rhy isel iddynt allu fforddio'r bwyd maethlon oedd mor angenrheidiol i ddynion a wnâi waith mor drwm.' Dyma ddisgrifiad o amgylchiadau'r cyfnod gan Emyr Jones yn ei gyfrol *Canrif y Chwarelwr*.[3]

Roedd gan H.R. dair chwaer. Yr hynaf oedd Mary, a anwyd yn 1896, yna Janet yn 1897 ac Eleanor yn 1904.

Capel Ebenezer, capel yr Annibynwyr, a roddodd yr enw i'r pentref. Wrth ddod i mewn i bentref Deiniolen heibio'r Ysgol Gynradd ar y dde saif y capel ar y chwith. Mae'n glamp o adeilad ac adnabyddir ef yn lleol fel Capel Eban. Nid yw'r adeilad bellach yn addoldy. Cynhaliwyd y gwasanaeth olaf yno ym mis Ionawr 2013.

Roedd pentref Ebenezer fel sawl pentref arall yn yr ardal wedi ei amgylchynu gan chwareli – yn achos Ebenezer gan Chwarel Dinorwig. Gwelodd y pentref dwf sylweddol yn ei boblogaeth yn y bedwaredd ganrif ar bymtheg gyda symud mawr i'r ardaloedd chwarelyddol i gael gwaith yn y chwareli. Nid oedd hyn heb ei effeithiau ar natur a safon byw bob dydd y trigolion. Doedd y pentref ddim wedi ei fwriadu i gynnal y cynnydd mawr yn y boblogaeth ac oherwydd hynny roedd safonau tai yn isel, carthffosiaeth yn annigonol ac iechyd llawer o'r trigolion yn hynod o fregus.

Roedd Capel Ebenezer ynghyd â bywyd diwylliannol y pentref yn chwarae rhan amlwg ym mywyd y teulu. Roedd Robert Hugh ac Ellen a'u pedwar plentyn yn aelodau ffyddlon a gweithgar iawn yn y capel a'r holl weithgareddau oedd ynghlwm wrth hynny. Yn ôl Emyr Jones roedd yn briodol galw'r cyfnod rhwng 1840 a 1940 yn 'Ganrif y Capeli'.[4]

Roedd tad H.R. ar bwyllgor Cyfrinfa'r Odyddion (yr Oddfellows) lleol, ac yn un o'r ymddiriedolwyr. Roedd y mwyafrif o'r chwarelwyr yn aelodau o gymdeithasau fel yr Odyddion fel bod modd iddynt dderbyn cymorth ar adegau o salwch. Pan fu farw cludwyd ei gorff o'r tŷ i'r fynwent gan aelodau'r gyfrinfa. Ef hefyd oedd Ysgrifennydd Cyfrinfa'r Plant, cangen ieuenctid o fudiad Urdd y Temlwyr Da, sef mudiad dirwest, ac roedd yn un o'r rhai a'i sefydlodd.[5]

Fe gadwodd H.R. gysylltiad agos iawn gyda'r capel tan ei farwolaeth, a bu ei chwaer Eleanor yn ffyddlon i'r achos hyd ddiwedd ei hoes, ac yn ysgrifennydd y capel ar un adeg. Fel y daw yn amlwg fe ddylanwadodd crefydd yn fawr ar H.R. gyda'i waith ysgrifenedig yn frith o gyfeiriadau Beiblaidd.

3

H.R. yn yr Ysgol

PAN GYCHWYNNODD H.R. yn hogyn tair oed yn 1897 yn 'Deiniolen Infants School', fel y gelwid hi, roedd hi'n gyfnod heriol gyda galw mawr am newid yn y ddarpariaeth addysg yng Nghymru a Phrydain. Yr un mor heriol oedd yr angen i wella iechyd plant; roedd safonau gofal iechyd yn ddiffygiol iawn gydag afiechydon a marwolaethau ymysg babanod yn arbennig yn creu pryder mawr i Swyddogion Meddygol yr ardal.

Ar ôl pasio Deddf Addysg 1870 daeth yn amlwg pa mor ddiffygiol oedd y ddarpariaeth addysg yn yr ardal. I geisio ateb y diffyg hwn, cafwyd rhaglen gynhwysfawr o adeiladu ysgolion dros ddegawd ar draws ardal Gwyrfai. Adeiladwyd 13 o ysgolion newydd cyn 1887 gyda nifer eraill yn cael eu hailadeiladu'n sylweddol a'u gwella.[1]

Mesur wedi ei anelu at blant y dosbarth gweithiol oedd y ddeddf hon. Y bwriad oedd darparu addysg elfennol yn cynnig sgiliau sylfaenol i aelodau haenau isaf cymdeithas a'r addysg yn dod i ben pan fyddai'r plentyn yn bedair ar ddeg. Nid addysg gynradd mohoni, oherwydd nid oedd bwriad i'r plentyn fynd yn ei flaen i addysg ganolradd ac uwchradd – braint plant y dosbarthiadau canol ac uwch oedd hynny.[2]

Agorwyd Ysgol Deiniolen yn swyddogol ar 3 Mai 1886 ac fe ddywedir iddi gael ei chynllunio a'i hadeiladu'n dda, a'r gobaith oedd y byddai'n hwb mawr i'r gymdogaeth. Erbyn mis Tachwedd y flwyddyn ddilynol roedd nifer y disgyblion wedi dyblu.[3]

Roedd H.R. yn un o ddwsin o fechgyn oedd yn mynychu am y tro cyntaf yn 1897. Roedd 102 o ddisgyblion ar lyfrau'r ysgol erbyn hynny gyda bechgyn a merched yn cael eu dysgu ar wahân mewn gwahanol adrannau.

Ym mlwyddyn gyntaf H.R. yn yr ysgol roedd yr Adran Babanod yn cael ei rhedeg yn dda ac yn ddistaw, a'r dysgu'n foddhaol ym mhob pwnc. Roedd gwaith ysgrifennu yn cael ei ddysgu ond dan amodau anfanteisiol gan fod nifer o'r desgiau yn rhy uchel i'r disgyblion eu cyrraedd ac awgrymwyd bod angen stolion troed ('foot rests')! Hefyd nodwyd bod cornel gogledd ddwyreiniol y 'principal room' yn wyrdd gyda thamp. Yr un pryd roedd y rhai gorau o'r disgyblion wedi cychwyn gweithio symiau hawdd ar lechi.[4]

Gydag ymdrechion ar droed i geisio ateb anghenion addysgol, pryder mawr arall y cyfnod oedd afiechydon a marwolaethau ymysg babanod yr ardal. Y rhai gwaethaf o'r heintiau hyn oedd y pas a'r frech goch – y ddau fel ei gilydd yn cyfrif am rhwng dau a thri chant o farwolaethau yn yr ugain mlynedd cyn 1914. Yn gynharach yn 1880 roedd 35 wedi marw o'r frech goch o fewn un blwyddyn. Llofrudd ffyrnig arall oedd difftheria gydag o leiaf 64 o farwolaethau yn ystod yr un cyfnod; roedd 1901-2 a 1907-8 yn flynyddoedd arbennig o ddrwg gyda 21 o farwolaethau allan o 128 o achosion a gofnodwyd.

Roedd twymyn yr ymysgaroedd yn dal yn glefyd difrifol gydag o leiaf 51 marwolaeth a 262 o achosion wedi'u cofnodi ar ôl 1895. Y clefyd oedd yn cael ei gofnodi fwyaf oedd y dwymyn goch gyda dros 1,600 o achosion yn dod i sylw rhwng 1895 a 1914 a 49 o farwolaethau wedi eu cofnodi.[5]

Roedd presenoldeb ac effeithiau'r heintiau hyn i gyd yn

golygu cau ysgolion yr ardal o bryd i'w gilydd. Dyma oedd yr unig ffordd o atal y gwahanol glefydau rhag lledaenu. Roedd rhaid cadw'r rhai oedd yn dioddef ar wahân i'w gilydd, a diheintio adeiladau'r ysgolion, ac apelid yn daer (yn aml yn ofer) ar i aelodau o deuluoedd y dioddefwyr gadw draw o addoldai, cyngherddau a llefydd eraill lle oedd pobl yn ymgasglu. O fewn un flwyddyn, 1913-14, fe gaewyd 24 o ysgolion neu adrannau am gyfnodau amrywiol (pedair ohonynt ddwy waith yr un flwyddyn) oherwydd effaith gwahanol heintiau ar y plant.[6]

Yr hyn oedd yn eironig oedd bod yr orfodaeth oedd ar blant ar ôl 1870 i fynychu ac aros yn yr ysgol yn cyfrannu at ledaenu heintiau, yn arbennig cyn 1900, gydag awdurdodau ysgolion yn amharod i gau ysgolion oherwydd yr ofn o leihau eu grant blynyddol, oedd yn cael ei ddyfarnu yn ôl presenoldeb disgyblion a'u perfformiad yn yr arolwg blynyddol.[7]

Nid oedd Ysgol Babanod Deiniolen yn eithriad yn hyn o beth. Roedd cadw cofnod rheolaidd o bresenoldeb y plant yn yr ysgol yn hollbwysig ac yn her gyson. Roedd tywydd gaeafol a stormus o law ac eira, effaith a chanlyniadau gwahanol heintiau a'r disgwyliad i ryddhau plant i fynychu digwyddiadau crefyddol, diwylliannol a chymdeithasol lleol a chenedlaethol yn arwain at gau'r ysgol a hynny yn ei dro yn effeithio yn fawr ar ffigyrau presenoldeb yr ysgol.

Yn ystod 1887 ceir cofnod o ddisgybl yn yr ysgol yn marw o'r crŵp dros y Pasg, ac ym mis Hydref yr un flwyddyn roedd presenoldeb yn yr ysgol yn isel ofnadwy gyda chlwy'r pennau a'r frech goch yn drwm iawn ymysg plant iau. Caewyd yr ysgol am 7 wythnos yn ystod misoedd Ionawr a Chwefror yn 1888 gan bod nifer o ddisgyblion yn dioddef o'r frech goch a bu farw dau ohonynt.

Roedd rhyddhau disgyblion i fynychu digwyddiadau'n golygu bod plant i ffwrdd o'r ysgol. Roedd presenoldeb yn isel yn ystod cyfnod lladd gwair yn yr ardal a phan oedd y ffair yn cael ei chynnal ym mis Medi yn Llanberis. Roedd galw mynych ar y plant i gael diwrnod llawn neu hanner diwrnod i fynychu pob math o ddigwyddiadau. Er enghraifft: yr ysgol ar gau ar ddydd Llun Diolchgarwch; diwrnod o wyliau i fynychu'r Eisteddfod Genedlaethol ym Mangor yn 1890; cau am y pnawn ym mis Mai 1891 gan fod cyfarfod chwarterol yn cael ei gynnal yng Nghapel Maes y Dref; hanner diwrnod i ffwrdd ym mis Tachwedd 1892 oherwydd cyfarfod chwarterol yng Nghapel Ebeneser; cau am y diwrnod yn 1895 gan bod Gŵyl Lafur y Chwarelwyr yn cael ei chynnal yng Nghaernarfon, a gwyliau ar y dydd Mercher ym mis Awst 1895 ar gyfer achlysur ailagor Eglwys Llandinorwig. Hefyd yr ysgol ar gau ym mis Mai 1896 oherwydd gwyliau cyffredinol y chwareli, a diwrnod o wyliau yn 1897 i ddathlu 'Queen's Diamond Jubilee' gyda Mr Assheton Smith o Stad y Faenol yn garedig iawn yn rhoi gwledd i'r plant i gyd i ddathlu'r digwyddiad.

Pan symudodd H.R. ymlaen i Ysgol y Bechgyn, Clwt y Bont, ymddengys iddo ddod o dan ddylanwad yr ysgolfeistr, Gruffydd Thomas o Fethesda, dyn a fu'n fawr ei argraff arno. Roedd Gruffydd Thomas yn ei ugeiniau cynnar pan ddaeth fel athro i ddysgu yn Neiniolen a dod yn ysgolfeistr ar yr ysgol yn ddiweddarach. Bu'n lletya mewn sawl cyfeiriad yn y pentef trwy gydol y cyfnod hwn. Roedd yn Gymro gwlatgar, peth prin ymysg ysgolfeistri'r cyfnod hwnnw, ac mi oedd gan H.R. barch mawr ato.[8] Roedd yn un o'r ysgolfeistri gwych hynny a wyddai sut i ddeffro meddwl plentyn.[9]

Gwthio deddf addysg Seisnig a wnaed ar Gymru yn 1870, a'r drasiedi fawr ydoedd peidio â seilio'r gyfundrefn addysg yn 1870 ar y bywyd Cymraeg oedd yn bodoli ar y pryd. Fel y dywedodd G. J. Williams, 'Ond llywodraeth Seisnig yr Ymerodraeth oedd yn deddfu ac amcan pob ymerodraeth a fu erioed ydoedd lladd ieithoedd y cenhedloedd bach er mwyn eu darostwng. Y mae llywodraeth o'r fath bob amser yn gweithredu fel pe na bai gysylltiad o fath yn y byd rhwng y bywyd a'r diwylliant Cymraeg ag addysg ein cenedl.'[10] Roedd athrawon fel Gruffydd Thomas yn gallu gwrthweithio'r tueddiadau hyn i raddau, ond roedd hynny'n dibynnu ar weledigaeth ac ymroddiad yr athro unigol.

Roedd yn amlwg bod cryn barch i Gruffydd Thomas o fewn yr ysgol ac yn y gymuned yn ehangach. Pan adawodd ei swydd fel ysgolfeistr cafodd ei anrhegu am ei wasanaeth[11] ac yn ogystal am ei gyfraniad i fywyd crefyddol y pentref.[12]

4

Gweithio yn Chwarel Dinorwig

FEL SAWL UN arall o'i genhedlaeth, gadael yr ysgol yn 13 oed yn 1907 a dilyn ôl troed ei dad i Chwarel Dinorwig fu hanes H.R. Dyna oedd y drefn i laweroedd o fechgyn ifanc yr ardal bryd hynny. Erbyn y cyfnod yma roedd nifer y gweithlu yn y chwarel wedi gostwng o 3,110 yn 1898 (y nifer fwyaf a fu yn gweithio yno erioed) i 2,800 erbyn 1911. Dyma oedd cychwyn dirywiad y diwydiant llechi yn y gogledd.[1]

Fel gyda sawl teulu arall, ei dad oedd yr unig un oedd yn dod â chyflog i'r cartref a chyda'i fam yn wraig tŷ llawn amser ac yn ceisio gofalu am bedwar o blant mae'n debyg bod ystyriaethau ariannol wedi bod yn un o'r rhesymau i H.R. fynd i'r chwarel i weithio. Roedd bywyd yn anodd a phob ceiniog yn bwysig.

Gwyddom iddo weithio yn y chwarel tan yr oedd o leiaf yn 17 oed. Er na wyddom unrhyw beth am ei waith fel chwarelwr, fe wnaeth cymdeithas y chwarel ac yn arbennig yr awr ginio yn y caban greu cryn argraff arno.

Pan oedd y chwarelwyr yn heidio i'r caban i fwyta eu cinio roedd y lle i bob pwrpas yn troi'n swyddfa undeb ac yn fan trafod. Roedd H.R. yn siŵr o fod yn cael modd i fyw yn cymysgu gyda'i gyd-chwarelwyr, dysgu dadlau am wleidyddiaeth a chrefydd, dau o'r prif bynciau oedd yn cael eu trafod yn y chwareli yr adeg honno, a gwrando ar y trafod a'r dadlau am faterion y dydd, Cymru a'i phroblemau a'i dyfodol, hiwmor a barddoniaeth. Byddai ar ben ei ddigon yn gwylio'r ddrama fawr a chyffrous yma yn mynd rhagddi. Y tebyg yw fod y profiad hwn wedi ei ysbrydoli a'i wneud yn benderfynol i ddarllen a dysgu mwy a bod yn ffyddlon i'w waith a'i weledigaeth ef ei hun.

Roedd y chwarelwyr yn ddarllenwyr mawr ar bapurau newydd Cymraeg lleol a chenedlaethol. Roeddynt yn brynwyr ffyddlon ar bapurau a gyhoeddid yng Nghaernarfon fel *Y Geninen, Y Genedl, Yr Herald Cymraeg, Gwalia, Y Werin, Yr Eco Cymraeg* a hefyd ar gyhoeddiadau cenedlaethol fel *Y Dysgedydd, Y Drysorfa* a'r *Goleuad.*[2]

Er bod y cyhoeddiadau hyn yn cynnwys tipyn go lew o newyddion lleol a newyddion crefyddol, roeddent hefyd yn cynnwys deunydd am wleidyddiaeth a materion rhyngwladol. Roedd rhai o'r cyhoeddiadau hyn hefyd wrth gwrs yn danbaid yn erbyn landlordiaid ac yn cynnwys sylwadau radical a chenedlaetholgar.

> Yn dair ar ddeg oed, aeth i barhau ei addysg yn y chwarel. Yno dysgodd grefft a'i dysgu'n drwyadl; dysgodd fwy na hynny yn y caban bwyd ar awr ginio. Dysgodd adnabod dynion, dysgodd ddadleu a meddwl am grefydd, am wleidyddiaeth, am Gymru a'i phroblemau a'i dyfodol. Yng ngholeg y chwarel y dywed Mr. Jones iddo fwynhau'r oriau mwyaf diddan a dreuliodd ef yn ei fyw. Cwmni'r chwarel a roes iddo ei awch am ddarllen a dysgu ac ymddatblygu o hyd; a'r chwarel a roes ynddo hefyd ei rym penderfyniad, ei ddygn ffyddlondeb i'w waith a'i weledigaeth.[3]

Er cymaint apêl y caban nid oedd yn lle iach o gwbl i dreulio amser cinio ynddo. Cytiau bychain oedd y cabanau hyn gydag un neu ddwy ffenestr fechan oedd yn golygu eu bod yn llefydd tywyll a myglyd iawn. Nid oedd ychwaith ddigon o le ynddynt i'r holl ddynion ac ar dywydd glawog roeddynt yn llefydd afiach i fod ynddynt.

Fel y dywedodd Emyr Jones, 'ar dywydd glawog, gwelid rhesi o sachau a chotiau gwlybion yn hongian wrth weiar a'r ager yn codi oddi wrthynt nes gwneud y lle yn fwy afiach fyth'.[4]

Golygfa gyffredin fyddai gweld rhywun neu'i gilydd yn gorwedd ar fainc y caban â'i sach dros ei war, wedi methu â dal ati i weithio ond yn mynnu aros yn y chwarel tan ganiad gan na allai fforddio i fynd adref a cholli 'hanner stem'. Byddai llawer yn 'lingro mlaen' o ddydd i ddydd er gwaethaf cynghorion y meddyg. Os byddai chwarelwr adref o'i waith gellid bod yn berffaith sicr ei fod yn 'symol iawn'; ond byddai'n ôl yn y chwarel cyn gynted ag y gallai gerdded, a deuai â photelaid o ŵy wedi'i guro mewn llefrith gydag ef i'w hyfed yn ystod y dydd er mwyn adennill ei nerth.[5]

Ni fu ystyriaethau lles ac iechyd erioed yn flaenoriaeth ym meddyliau perchnogion y chwareli ac ni allai'r chwarelwyr fforddio meddwl felly. Roedd y perchnogion yn gwadu bod y chwareli'n llefydd afiach i weithio ynddynt ac er bod y gweithlu yn gwybod bod eu hiechyd yn dioddef trwy fod yn gweithio yn y chwarel doedd fawr o ddewis ganddynt gan eu bod yn dibynnu'n llwyr ar y cyflog i fyw ac i gynnal eu teuluoedd. 'Ni fyddai sôn am glefyd y llwch yr amser hwnnw (dechrau 1900) gan nad oeddynt wedi llawn sylweddoli mor niweidiol i'w hiechyd oedd y llwch a anadlent, a galwent ef yn fronceitus neu T.B.'[6]

Wrth gwrs roedd y chwarelwyr yn gweithio mewn diwydiant lle'r oedd bron y cwbl o'r llafurlu yn Gymry Cymraeg. Pan sefydlwyd Undeb Chwarelwyr Gogledd Cymru roedd Cymreictod yr aelodau mor gryf fel ei bod yn hollol naturiol iddynt gymryd yn ganiataol y byddai holl weithgareddau'r Undeb yn digwydd trwy'r Gymraeg.

Er y gwyddom fod H.R. wedi dal i weithio yn y chwarel tan yr oedd o leiaf yn 17 oed[7] nid oedd yn gryf ei iechyd a doedd gweithio yn y chwarel ddim o unrhyw les iddo. Fel canlyniad doedd ganddo ddim dewis ond chwilio am waith ysgafnach. Mae'n siwr bod gadael y chwarel wedi bod yn siom aruthrol iddo. Fel y daw'n amlwg yn ddiweddarach dioddefodd H.R. o'r diciâu neu'r ddarfodedigaeth am flynyddoedd, ac er bod hynny wedi byrhau ei oes, fel llawer eraill o'r un genhedlaeth ag ef, ni wyddom sut, pryd nac ychwaith lle y cafodd y clefyd difrifol yma afael arno. Mae'n bosib fod y clefyd wedi cael gafael arno yn y cyfnod hwn.

Erbyn hyn roedd cymylau duon y Rhyfel Byd Cyntaf ar y gorwel ond ni wyddom a oedd H.R. yn dal i weithio yn y chwarel neu a oedd wedi gadael. Fodd bynnag, gwyddom fod y chwarelwyr wedi dioddef adeg y rhyfel. Doedd fawr ddim adeiladu yn ystod dyddiau du'r rhyfel ac fe arweiniodd hyn at ddiweithdra uchel yn ardaloedd y llechi ac o ganlyniad doedd gan y chwarelwyr fawr o ddewis ond ymuno â'r fyddin. Hefyd, pan ddaeth gorfodaeth filwrol, nid oedd y chwarelwyr yn grŵp a eithriwyd o wasanaeth milwrol fel ag y gwnaed gyda rhai fel gweithwyr amaethyddol.[8]

Yn achos H.R. does dim tystiolaeth iddo wirfoddoli ond y tebyg yw na fyddai cyflwr ei iechyd wedi cwrdd â'r gofynion iddo fynd i faes y gad.

5

Cyfnod H.R. yn Lerpwl

LLE OEDD H.R. am fynd nesa wedi i'w gyfnod yn y chwarel ddod i ben? Deallwn iddo adael yr ardal a mynd i Lerpwl i weithio ond ni wyddom a ddigwyddodd hyn cyn neu yng nghanol blynyddoedd y Rhyfel Byd Cyntaf. Yr hyn a wyddom oedd iddo gael swydd gyda Chwmni Morris & Jones, gwerthwyr bwydydd yn Lerpwl.

Roedd cysylltiad Cymreig gan y cwmni arbennig yma. Roedd gŵr o'r enw Edward Jones yn cadw siop groser yn Llanrwst ac yn 1878 bu iddo ymuno â'i frawd yng nghyfraith, Evan Morris, i ffurfio Cwmni Morris & Jones yn Lerpwl – 'a Wholesale Grocery & Provision Warehouse'. Am flynyddoedd lawer roedd pencadlys y Cwmni yn Keenora House, Wood Street, Lerpwl. Erbyn y 1950au roedd yn un o gwmnïau mwyaf gogledd Lloegr, gyda phresenoldeb nid yn unig yn Lerpwl ond hefyd ym Manceinion, Leeds, Newcastle ac yn ddiddorol iawn yng Nghaernarfon. Yn y 1960au bu i'r cwmni gychwyn busnes 'Cash & Carry' dan yr enw MoJo cyn i hwnnw cael ei werthu'n ddiweddarach i Booker.

Er na wyddom am ba hyd y bu H.R. yn gweithio i'r cwmni nac ychwaith a fu iddo setlo i lawr yno, roedd ganddo deulu'n byw yn Lerpwl ac yn Wallasey a'r tebyg yw bod hynny'n ystyriaeth wrth iddo godi'i bac a mynd yno i weithio. Roedd ganddo ddwy fodryb, cefndryd a chyfnitherod yn byw yno. Roedd Lerpwl yn dynfa fawr i'r Cymry, a'r tebyg yw bod aelodau hŷn o'i deulu wedi bod yn rhan o'r symudiad hwn. Fe aeth Mary Jones, chwaer hynaf H.R., i fyw yn Lerpwl yn ei hugeiniau cynnar a dyna lle y bu tan ei marwolaeth yn 40 oed yn 1936. Roedd hi'n ddi-briod ac yn byw yn Hazel Grove, Sir Gaer ac yn mynychu Eglwys Annibynnol Saesneg Hazel Grove. (Yn ôl Cyfrifiad 1921 doedd hi ddim yn byw yn 15 Caradog Place, felly mae'n debyg ei bod yn byw yn Lerpwl yr adeg honno. Byddai'n 25 oed yn 1921).

Yn angladd H.R. yn 1930 roedd y canlynol yn bresennol, sef ei chwaer Miss Mary Jones, hefyd Mrs E. Williams, Lerpwl a Mrs Crompton, Wallasey (modrybedd); Mr a Mrs H. Norton Jones, Lerpwl... Miss Hamena Carter, Lerpwl (cefnder a chyfnither).

Rhwng 1851 a 1911, denodd Lerpwl, 'prifddinas' Cymry'r Gogledd, o leiaf ugain mil o Gymry ym mhob degawd. Cael eu cymathu gan y gymdeithas o'u cwmpas fu eu hanes yn y diwedd ond gyda dylifiad cyson o Gymru'n mynd yno bu llewyrch ar fywyd Cymreig y ddinas am drigain mlynedd a mwy.[1]

Llwyddodd sawl un i gychwyn busnesau llewyrchus iawn yn y ddinas, yn enwedig yn y diwydiant adeiladu. Deuai Cymry'r Gogledd i ysbytai'r ddinas am driniaethau llawfeddygol ac yn 1900 cynhaliwyd yr Eisteddfod Genedlaethol yno. Roedd bywyd cyfoethog, yn ddiwylliannol, yn grefyddol ac yn gymdeithasol, i'w gael ar hyd a lled y ddinas.

Ni wyddom a fu i H.R. chwarae rhan o gwbl yn y bywyd hwnnw nac ychwaith ym mywyd gwleidyddol y ddinas tra bu yn Lerpwl. Mae'n ymddangos nad oedd yn gweld ei hun yn aros yn hir iawn yno oherwydd byddai'n dychwelyd yn aml i'w gynefin, ac o fewn dim roedd wedi cael swydd Ysgrifennydd y Gymdeithas Gydweithredol yn Neiniolen. Wedyn codi'i bac unwaith yn rhagor, ond y tro hwn symud i weithio i brif swyddfa'r Gymdeithas Gydweithredol ym Manceinion. Tra oedd yno dilynodd gwrs mewn gwaith swyddfa cyn dychwelyd unwaith yn rhagor i'w gynefin. Ymddengys iddo ddychwelyd gartref am ei fod yn teimlo'n anghartrefol ymhlith y Saeson, a bod cyflwr ei iechyd yn golygu bod yn rhaid iddo chwilio am waith yn yr awyr agored. Yn 1921, ac yntau'n 27 oed, cafodd ei gyflogi unwaith yn rhagor gan Gwmni Morris & Jones, ond y tro hwn fel trafaeliwr ar draws gogledd Cymru a chael byw gartref yr un pryd. Arhosodd yn y swydd hon tan iddo gael ei benodi yn Drefnydd Cyntaf Plaid Genedlaethol Cymru yn 1925.[2]

Yn ddiddorol iawn roedd Saunders Lewis yn cydoesi â H.R. tra oedd yn Lerpwl ond ni ddaeth y ddau ar draws ei gilydd yno. Roedd Saunders Lewis flwyddyn yn hŷn na H.R. ac yn byw yn Wallasey, a phwy fuasai'n meddwl ar y pryd y byddai'r ddau mewn ychydig flynyddoedd wedyn yn ffurfio cyfeillgarwch a chwarae rhan mor ganolog ac allweddol yn sefydlu ac yn hyrwyddo gwaith Plaid Genedlaethol Cymru?

6

Cyfraniad H.R. i Fywyd ei Bentref

YN YSTOD EI gyfnodau yn Lerpwl a Manceinion nid oedd meddwl H.R. ymhell o'i gynefin a Chymru. Byddai'n manteisio ar bob cyfle i ddychwelyd gartref a chyfrannu i fywyd diwylliannol, cymdeithasol, crefyddol a hyd yn oed economaidd, ei bentref. Roedd yn mynd ymlaen â'i waith yn ddistaw heb dynnu sylw o gwbl tuag ato'i hun.

Fe sefydlodd Adran o Urdd Gobaith Cymru, neu Urdd Gobaith Cymru Fach fel y cyfeirid ati bryd hynny, yn y pentref.[1] Roedd yn aelod gweithgar o Gapel Ebenezer, yn athro Ysgol Sul, ac ar bwyllgor Cymdeithas Lenyddol y Capel.[2] Ceir hanes amdano yn cyflwyno papur ar holl agweddau 'Ymreolaeth i Gymru' ac ar 'Ramant Hanes Cymru Gynnar' fel rhan o raglen y Gymdeithas Lenyddol.[3] Manteisiai ar bob cyfle i hyrwyddo'r Gymraeg a chenedlaetholdeb Cymreig. Hefyd roedd ar bwyllgor Cymdeithas Gydweithredol Deiniolen. Cafodd siop y Co-op ei hagor yn 1915 ac mae hyn yn cyd-fynd â'r cyfnod yr oedd H.R. yn gweithio yno.

Yr un pryd bu'n cystadlu yn Eisteddfod Goronog Ebenezer a llwyddo i ennill y wobr gyntaf am dracthawd ddwy flynedd yn olynol. Cafodd y wobr y tro cyntaf yn 1921 am ei draethawd 'Taith ddychmygol trwy Gymru yn y flwyddyn 2250', ac yna flwyddyn yn ddiweddarach daeth yn fuddugol am ei draethawd 'Pa ddiwydiannau a ellid eu sefydlu yn yr ardal hon, a'r modd i'w cario allan, a'r gost etc.'[4]

Mae'r ddau draethawd yn ddiddorol iawn. Nid yn unig maent yn dangos gymaint o ddychymyg oedd ganddo ond yr un pryd yn dangos gymaint o broffwyd oedd H.R. yn ei wlad ei hun.

Yn y cyntaf o'r traethodau, sef 'Taith ddychmygol trwy Gymru yn y flwyddyn 2250' mae'n adrodd am hanes gŵr o dras Gymreig sydd yn byw yn Dalasco, Alaska, ac sydd yn breuddwydio am gael taith trwy Gymru 'yr hen wlad fach enwog, cartref fy nghyndadau yn y Dwyrain'. Mae'n sôn fel y bu iddo wrando ar ei dad a'i daid yn adrodd storïau am yr hyn a elwir ganddo fel 'blynyddoedd gwrthryfel yng Nghymru pan ymdrechodd y Cymry i sicrhau eu rhyddid' ac 'Ioan Menai, arwr y chwyldro yn cael ei arwisgo yn Arlywydd cyntaf y Cymry'.

Pan ymwela'r gŵr hwn â Chymru ym mis Mai yn y flwyddyn 2250 mae'n disgrifio'n fanwl ac yn hynod ddifyr y math o wlad oedd Cymru ar y pryd. Er mai dychmygol yw y cyfan ni ellir ond meddwl mai dyma oedd y math o Gymru yr oedd H.R. yn breuddwydio ac yn crefu amdani.

Mae'r gŵr yn adrodd sut y gwireddwyd ei fywyd trwy allu 'troedio tir yr hen wlad' ac mae'n rhyfeddu at Gymru gyda'i 'dinasoedd mawrion, ei phorthladdoedd gwych, ei thraethau a chyfle i dalu gwrogaeth i feddau a chofgolofnau rai o'i gwyr mawrion'. Mae'n ymhyfrydu ym mhopeth bron sydd gan y Gymru newydd i'w gynnig ac wrth iddo lanio yn yr hen wlad fe ddywed 'safai telpyn o farmor gwyn – cerflun hardd o Ioan Menai – cymwynaswr mawr Cymru ... ac ar ei dalcen hardd yr oedd "Rhyddid" wedi ei dorri mewn llythrennau euraidd, yn ei law aswy cariai luman y Ddraig Wen, a'i law dde yn estyn croeso i bawb o bobl y byd'.

Y teimlad a geir wrth ddarllen y traethawd yw bod H.R. yn ei elfen yn adrodd am y math o Gymru fyddai'n nefoedd iddo. Mae'n mynd ymlaen i sôn bod y Sul yn cael ei gadw yn 'ddydd o orffwys ac addoliad' ac mae'n broffwydol wrth sôn fod 'melinau gwynt ar hyd lan y mor ymhobman' ac fel yr oedd 'breichiau hirion y melinau yn cael eu gollwng am ychydig oriau bob nos i droi dan bwysau'r gwynt a chronnent erbyn y bore ddigon o allu trydan ar gyfer gwaith y dydd'. Mae'n sôn am gerbydau trydan yn gwibio heibio ymhob man, ac am deithio i ben yr Wyddfa mewn cerbyd trydan. Er ei fod yn dweud y gallai pe dymunai hynny 'hedfan dros ac oddi amgylch Cymru gyfan mewn diwrnod ond symud yn araf wneuthum i, er cael mwynhau golygfeydd'.

Mae'n cael modd i fyw wrth adrodd mai'r Bala yw prifddinas Cymru ac mai yno y mae Senedd Cymru wedi ei lleoli. 'Ar gwr gorllewinol y llyn bron ar fin y dwr, saif Senedd-dy Cymru, adeilad hardd o farmor gwyn. Gwneir ef i fyny o bedwar adeilad ar ffurf croes – swyddfeydd y llywodraeth ydynt i gyd.' Yn y cwr eithaf ar godiad llawr mae cadair yr Arlywydd – gwaith llaw celfydd o lechfaen Dinorwig. Cerflun o Grist sydd uwchben cadair yr Arlywydd, ac ar bob ochr iddi yn doredig ar y mur y geiriau 'Cariad' a 'Chyfiawnder'. Yr un pryd mae yn adrodd 'Heddyw siaredir yr iaith yng Nghymru, Iwerddon a'r Alban a rhannau o Loegr a Ffrainc'.

Yr un mor ddiddorol ac arbennig iawn yw yr ail draethawd 'Pa ddiwydiannau a ellid eu sefydlu yn yr ardal hon, a'r modd i'w cario allan, a'r gost etc.' sydd â'i gynnwys yn rhyfeddol ac yn dangos cryn weledigaeth a gwaith ymchwil ar ran yr awdur. Yn ogystal mae wedi llunio map manwl i gyd-fynd gyda'r traethawd sydd yn nodi pa ddiwydiannau ac yn lle yn union y gellir eu sefydlu yn Ebenezer a'r ardal o gwmpas.

Ar gychwyn ei draethawd mae'n nodi 'nad oes yn

Ebenezer na'r amgylchoedd yr un diwydiant ar wahân i chwarelau llechfeini Dinorwic' ac mae'n ddigon goleuedig i ddweud 'pe bai rhywbeth yn digwydd i'r gwaith hwnnw fyned yn segur, buasai yn naturiol, gyni a dioddef mawr ymhlith yr ardalwyr. Rhesymol felly i ni yw ceisio gweled pa ddiwydiannau a ellid eu sefydlu yma, fel ag i gyfoethogi'r ardal, ac hefyd i arbed cyni pe na weithid y chwarel.'

Wrth ysgrifennu'r traethawd hwn gwyddai fod cyfnod gorau chwareli llechi'r ardal yn prysur ddod i ben. Fel y dywedwyd, roedd nifer y chwarelwyr a oedd yn gweithio yn Chwarel Dinorwig wedi gostwng o 3,110 yn 1898 i 2,800 yn 1911 ac erbyn blwyddyn marwolaeth H.R. roedd nifer y gweithwyr rhwng 2,500 a 2,600.[5]

Fe wyddai y byddai angen edrych ar ddewisiadau eraill er mwyn cadw cyflogaeth yn yr ardal ac yn y traethawd yma mae'n llwyddo i wneud hynny'n feistrolgar iawn trwy gefnogi pob un o'i syniadau gyda gwaith ymchwil manwl iawn.

Mae'n dweud pa mor bwysig yw ffyrdd digonol ac yn synnu 'mewn ardal mor boblog ag Ebenezer a'r cylch na fuasai erbyn hyn gledrffordd wedi ei gwneud yma. Yn wir, rhed moduron yn ddyddiol i'r gwahanol drefydd cylchynol'. 'Tra maent yn gaffaeliaid mawr i deithwyr', meddai, 'ac hefyd i gludo rhai nwyddau masnachol ysgafn, nid yw eu maintioli na'u nerth yn gyfryw fel ag i'w cyfaddasu i gludo cynnyrch diwydiannau mawrion i farchnadoedd y byd. Cyn agor diwydiannau rhaid cael cledrffordd gan fod cledrffordd i weithfeydd, fel gweithienau gwaed i'r corff, dibynnai y naill yn hollol ar y llall.'

Yn ddiddorol iawn, o fewn dwy flynedd i ysgrifennu hyn roedd H.R. wedi cychwyn ymgyrch i sicrhau rheilffordd i bentref Ebenezer. Ar ddechrau 1924 cynhaliwyd cyfarfod cyhoeddus yn y pentref gyda'r bwriad i sefydlu rheilffordd o Felin Hen neu Portdinorwic (Felinheli i ni heddiw) i bentref Ebenezer. Cafwyd cryn frwdfrydedd dros y syniad ac ar ddiwedd y cyfarfod sefydlwyd pwyllgor a dewis H.R. yn ysgrifennydd.[6]

Roedd wedi dechrau gohebu gyda swyddfa 'District Traffic Superintendent' y 'London Midland and Scottish Railway Company' (yr LMS) yng Nghaer ynglŷn â'r mater. Yn dilyn hyn, derbyniodd ohebiaeth gan Swyddfa Stad y Faenol yn dweud 'they would be well disposed towards any proper scheme for a new Railway Line through the Ebenezer district'.[7]

Cafodd gefnogaeth gan Goronwy Owen, Aelod Seneddol Rhyddfrydol Arfon ar y pryd, ac fe addawodd hwnnw y byddai'n barod i drefnu dirprwyaeth o hanner dwsin neu lai o'r pentrefwyr ar gyfer gosod yr achos ger bron gŵr o'r enw Mr Gosling yn y Swyddfa Lafur yn Llundain. Roedd cryn frwdfrydedd o blaid y syniad yn lleol. O fewn ychydig ddyddiau wedyn derbyniodd H.R. ohebiaeth gan District Traffic Superintendent yr LMS oedd yn barod i dderbyn dirprwyaeth o'r pwyllgor yng Nghaernarfon.

Yn anffodus er cefnogaeth o sawl cyfeiriad a chan neb llai na Lloyd George, ni wireddwyd y freuddwyd hon.[8] Fodd bynnag nid oedd hynny oherwydd diffyg ymroddiad ac ymdrech rhai fel H.R.

Wrth droi'n ôl at ei draethawd mae'n dweud nad yw yn fanteisiol, yn wir yn anfantais bod holl dir yr ardal yn gyfan gwbl yn eiddo dau dirfeddiannwr, ac mai hwy oedd gyda hawliau mwyngloddio ar yr holl eiddo. 'Mae'r mwyaf o'r ddau yma', meddai, 'sef perchennog Ystâd y Faenol, hefyd yn berchennog yr unig ddiwydwaith sydd yma, sef Chwarelau Dinorwig. Er yn ddiamau pe agorid gweithfeydd yma, buasid yn cynyddu gwerth y tir, buasai hefyd yn cynyddu gwerth llafur, ag i berchennog y chwarel, mae'n naturiol iddo wrthod gwerthu na rhentu'r hawliau mwyngloddio.'

Mae yn cymharu'r sefyllfa yn America lle mae rhyddid

i agor diwydiannau yn unrhyw le, ond bod angen talu hawliau mwyngloddio a breindal. Mae'n dadlau bod rhaid cael yr un hawl yma ac yn dweud 'Nid yw hynny yn debygol, heb yn gyntaf gael hunan lywodraeth i Gymru. Gorwedd cyfoeth mawr yn ddiddefnydd mewn llawer lle yng Nghymru eto, ac nid oes obaith ei ddatblygu heb yn gyntaf symud i ffwrdd hawl tirfeddianwyr.'

Mae'n cyfeirio at ddarn o dir uwchlaw pentref Ebenezer ar y ffordd i Fethesda lle 'mae mawnog fawr dan yr enw Mawnog yr Ogof, neu ar lafar gwlad Mawnog y Gof'. Er ei fod yn dweud nad yw y tir dan sylw o ddim gwerth gwirioneddol, 'ychydig iawn sydd yma o borfa i anifeiliaid, a'r unig ddefnydd a wneir ohono yw saethu ieir mynydd gan y tirfeddianydd a'i gyfeillion. Hwyrach mai ychydig sydd wedi ystyried y cyfoeth mawr a orwedd yn segur yn yr hen fawnog yma, a mawnogydd eraill llai sydd yma ac acw hyd yr ardal.'

Eto mae'n cymharu'r sefyllfa gyda gwledydd eraill. Y tro yma yn Llychlyn, lle tebyg iawn i Gymru. 'Oddeutu pedair blynedd yn ôl, gwnaed prawfion yn Llychlyn yn y mawnogydd, i geisio cael olew allan o'r mawn. Pryd hynny, drwy helynt y rhyfel fawr yng ngwledydd canolig Ewrop, a rhannau eraill o'r byd, yr oedd prinder mawr o 'betrol' yn Llychlyn.'

'Yn llwyddiannus iawn,' meddai, 'heddyw yn y wlad honno gwelir yno y mawnogydd oedd gynt yn ddiwerth yn cynhyrchu digonedd o 'betrol' i gyflawni anghenion y wlad, a hwnnw yn cystadlu mewn purdeb a gwerth a'r olew geir allan o ffynhonnau mawrion yn America a Rwsia.' I H.R. os oedd yr ymchwiliad yn llwyddiannus yn y wlad honno nid oedd reswm pam na ellid cynhyrchu olew yn llwyddiannus ym Mawnog yr Ogof. Yr un pryd roedd wedi gweithio allan sut oedd modd symud y cynnyrch o Fawnog yr Ogof ac wedi amcangyfrif faint fyddai'r gost. 'Nid oes amheuaeth', meddai, 'yn fy meddwl na fuasai y ddiwydwaith yn sicr o droi'n llwyddiant, ac yn rhoi gwaith i oddeutu pedwar cant o bobl'.

O fawnogydd mae'n symud i 'Waith Glo Llanddeiniolen' ac er ei fod yn cyfaddef bod hyn yn mynd ag ef tu allan i derfynau'r ardal, mae'n dweud na all y traethawd fod yn gyflawn heb sôn am hyn. Y man sydd ganddo ar gyfer y datblygiad hwn yw 'Gors Cae-Hop' ac mae'n honni bod yno 'weithiennau glo gwerthfawr'. Wrth gymryd y cyfan i ystyriaeth mae'n dweud 'buasai cael cwmni cryf yn meddu cyllid o £20,000 cyn y gellid gweithio y tir yn effeithiol a llwyddiannus. Buasai'r anturiaeth yn sicr o droi'n llwyddiant, ac yn rhoi gwaith i oddeutu pedwar cant o ddynion.'

Er yn cyfaddef nad yw ef ei hun wedi eu gweld mae yn honni mewn 'dau o fannau yn yr ardal hon mae arwyddion o fwynfeydd haearn. Mae un ger Tyddyn Uchaf ar ganol y ffordd, a'r llall ger y Sinc yn Clwt y Bont. Tebygol yw fod maen yr olaf yn rhedeg o dan greigiau y Gors, ac hefyd o'r Bigil. Am y cyntaf gan ei bod ar dir mor uchel, tebygol yw fod y faen yma yn rhedeg ar ei phen cyn troi, neu ei bod yn faen fraeog ar wyneb y tir. Heb suddo ac ymchwilio nis gellir ffurfio barn ar eu hansawdd na'u gwerth masnachol, os yw un o'r ddau faen, mae y ddau yn gymhwys gwerth ag i'w weithio.'

Wedi rhestru nifer o rai eraill o weithfeydd posibl yn ei draethawd mae'n awgrymu sut fath o ynni y gellid ei gynhyrchu er mwyn eu gyrru hwy i gyd ac yn cynnig ateb i hyn:

> Oes y trydan yw yr oes bresennol. Hwn yw y gallu rhataf, glanaf, a mwyaf nerthol ellir ei gael. Mae gwifrau 'trydanol' yn barod yn rhedeg ar hyd ochr yr Elidir i Chwarel y Penrhyn. Gellid gwneud power house ar yr Elidir oddi wrth y gwifrau i gyflawni rhai o'r gweithfeydd, ond nid yn ddigonol i gyflenwi yr holl ddiwydiannau, rheilffyrdd, ac hefyd i oleuo y pentref, pa un erbyn hyn fuasai yn dref o gryn faintioli.

Mae'n awgrymu sefydlu cwmni, y 'Deiniolen Light & Power Co', ac yn mynd ymlaen i ddweud 'yn ddiddadl, ffurfio cwmni cryf fuasai ddiogelaf gyda cyfalaf o £50,000 a cronni y Marchlyn Mawr a'r Marchlyn Bach. Drwy gronni'r ddau hyn a chael 'power house' ger y Marchlyn Mawr, gellid cynhyrchu gallu anferth, nid yn unig i gyflenwi holl ddiwydiannau yr ardal, rheilffyrdd a goleuo y pentref, ond i oleuo tref Caernarfon a Bangor, a'r holl dai cyfagos, ac hefyd i oleuo pobman drwy Ynys Môn. Nid oes amheuaeth na fuasai yr antur hon yn troi'n llwyddiant. Rhoddasai waith i tua dau gant o bobl.'

Yr hyn sydd yn arwyddocaol am y syniad hwn sydd ganddo yw i'r Bwrdd Cynhyrchu Trydan Canolog (CEGB) yn 1972, hanner can mlynedd ar ôl i'r traethawd gan H.R. gael ei lunio, benderfynu adeiladu cynllun tydan dŵr trwy gronni Marchlyn Mawr uwchben pentref Deiniolen, yr union leoliad yr oedd H.R. wedi rhagweld lleoli cynllun o'r fath. Mae hyn yn dangos bod H.R. yn gymaint o broffwyd yn y maes economaidd ag y daeth i fod yn y maes gwleidyddol.

Cynffon ddiddorol i'r stori yma yw i Miss Eleanor Jones, chwaer H.R., dynnu sylw prif swyddogion y Bwrdd Cynhyrchu Trydan Canolog yn Llundain at draethawd a map ei brawd pan oeddent yn cynnal arddangosfa yn 1972 yn Neiniolen yn dangos eu bwriad i adeiladu cynllun trydan uwchben y pentref. Bu iddynt ofyn am gael ei fenthyg ac fe'i cyfieithwyd a'i anfon atynt. Cafwyd ateb yn dweud bod eu peirianwyr wedi gweld y cyfeiriad at Marchlyn Mawr yn y traethawd yn un diddorol dros ben.[9]

Mae H.R. yn argyhoeddedig mai drwy 'ymchwilio, sylwi a thraethu ar gyfoeth orweddai'n ddihysbydd yn yr ardal, gwelir yn eglur y gellid sefydlu diwydiannau gwerthfawr yma'. Os am wireddu hyn mae'n dweud y byddai'n rhaid wrth basio mesur seneddol ond yn cydnabod mai 'ychydig obaith sydd i ni eu cael heb yn gyntaf gael hunanlywodraeth i Gymru. Cymry ŵyr orau am anghenion eu gwlad.'

Mae diweddglo'i draethawd yn gri wirioneddol o'r galon ac yn ddatganiad pwerus iawn ganddo.

> Mae'r llef yn barod wedi ei godi am ein rhyddid. Gofaled ieuenctid ein gwlad na ddistawn y llais hyd nes i'r nod gael ei gyrhaedd. Cawn yn naturiol ar ôl hynny ddiwyllio ein gwlad, a dod a'r cyfoeth di-hysbydd i'r amlwg. Rhoddwn ein nerth a'n cyfoeth yn achos ein gwlad ein hunain, nid gadael i estron agor y gweithfeydd, a mynd a'r cyfoeth allan o'r wlad. Fel rheol ychydig o natur mentro sydd yn y Cymro, gan fod well ganddom adael ein harian mewn banciau, na'u buddsoddi i ddatblygu cyfoeth ein gwlad, a thrwy hynny rhoddi bywoliaeth a chysur i gannoedd o'n cydgenedl. Awn rhagom, mynnwn ymreolaeth i Gymru, datblygwn gyfoeth sydd yn farw yn yr hen fynyddoedd, a gwnawn Gymru y wlad gyfoethocaf yn y byd.

Cyn tynnu'r bennod hon i ben, rhaid crybwyll un ymgyrch leol y bu gan H.R. ran allweddol iawn yn ei llwyddiant, sef newid enw'i bentref genedigol o Ebenezer i Ddeiniolen. Digwyddodd hyn ar ôl sefydlu Plaid Genedlaethol Cymru. Ym mis Ionawr 1926 fe wnaed cais drwy lythyr gan H.R. ar ran Plaid Genedlaethol Cymru at Gyngor Plwyf Llanddeiniolen yn gofyn iddynt ystyried newid enw Ebenezer a rhoddi iddo enw Cymraeg, sef Deiniolen, a chynnwys ardal Clwt y Bont (rhan isaf y pentref) yn hyn.[10] Pasiwyd gan y Cyngor fod yr enw newydd yn cael ei ystyried ond cyn dod i benderfyniad, penderfynwyd mynd i'r wasg er mwyn cael barn y gymuned leol ar y mater.

Pan ddaeth y mater yn ôl ar agenda'r Cyngor ym mis Mawrth deallwyd nad oedd gwrthwynebiad gan y cyhoedd i'r newid enw a phasiwyd yn unfrydol fod yr enw Deiniolen yn cael ei fabwysiadau yn lle Ebenezer.[11] Roedd yr enw Deiniolen yn gyfarwydd yn barod yn lleol gan mai

Llanddeiniolen oedd enw'r plwyf. Felly nid oedd yn enw chwithig nac ychwaith yn ddieithr i bobl y pentref. Yr un pryd, ar gais y postfeistr lleol, pasiwyd yn unfrydol bod enw Swyddfa Bost Clwt y Bont i aros yr un fath. Wrth weld nad oedd gwrthwynebiad fe basiwyd y cynnig i newid yr enw'n unfrydol gan y Cyngor Plwyf ym mis Gorffennaf y flwyddyn honno.

Yn dilyn penderfyniad y Cyngor derbyniodd H.R. lythyr gan Swyddfa'r Postfeistr Cyffredinol yn Llundain yn cadarnhau bod trefniadau ar waith i newid enw Swyddfa Bost Ebenezer i Deiniolen o'r 13 Medi ymlaen ond nad oedd yn ymarferol i roi'r un enw i'r ddwy swyddfa bost. Felly fe gadwyd enw swyddfa bost Clwt y Bont fel yr oedd.[12]

Cymhelliad H.R. a'r Blaid Genedlaethol ar y pryd oedd cael enwau Cymraeg ar bentrefi Arfon yn hytrach nag enwau â blas Beiblaidd arnynt fel Ebenezer, Bethel, Carmel, Saron, Nebo a Chesarea ac ati. Roedd yr enwau Beiblaidd hyn ar y pentrefi yn gystal arwydd â dim o ddylanwad Ymneilltuaeth ar fywydau pobl yr ardaloedd hyn. Ond yn ôl H.R. pentrefi oedd y rhain yng nghanol cadernid Gwynedd ac yng nghalon y Gymru Gymraeg, ac felly dim ond iawn oedd iddynt gael eu hailfedyddio ag enwau Cymraeg. Methwyd ag argyhoeddi pentrefwyr Bethel, Carmel, Saron, Nebo a Chesarea, na thrigolion pentrefi eraill ag iddynt enwau Beiblaidd.[13]

Un na chafodd ei blesio o gwbl gyda newid enw y pentref i Deiniolen oedd W.J. Gruffydd o Fethel. Yn ei gyfrol *Hen Atgofion* mae'n dweud y drefn yn enbyd am y newid. Yn ôl Gruffydd roedd yr enw Ebenezer yn codi'n naturiol o hanes crefydd Ymneilltuol yr ardal yn union fel yr oedd enw plwyf Llanddeiniolen (llan neu eglwys sant Deiniolen) wedi codi o hanes crefyddol cyfnod cynharach. Snobri, meddai Gruffydd, oedd mynnu ymwrthod ag urddas syml Ebenezer.[14]

7

'Mi ddaw. Gewch chi weld; mi ddaw.'

YN Y QUEEN'S Cafe ar Stryd Bangor, Caernarfon ym Medi 1921, ac yntau'n 27 oed, y penderfynodd H.R. gynnal cyfarfod cyhoeddus am y tro cyntaf i rannu ei weledigaeth am 'Ymreolaeth i Gymru'. Dyma gaffi a ddaeth dros y blynyddoedd wedyn yn gyrchfan hanesyddol ac arwyddocaol iawn yn hanes cynnar sefydlu Plaid Genedlaethol Cymru.

Roedd y caffi'n ddewis addas ar gyfer cynnal cyfarfod o'r fath. Taith munud o gerdded oedd hi o stesion reilffordd Caernarfon i'r caffi a dau funud o gerdded o'r llwyfan glanio ar gyfer teithwyr ar y fferi dros y Fenai i Gaernarfon. Roedd teithio'n ôl a blaen ar y trên i Gaernarfon yn boblogaidd iawn ymysg y trigolion lleol ac yn gyfleus ar gyfer denu ymwelwyr i'r dre. Roedd y Queen's Cafe yn gyrchfan amlwg a phoblogaidd a byddai ar agor bob dydd o'r wythnos rhwng wyth y bore ac wyth y nos, yn gwerthu te a choffi a llu o fwydydd eraill yn ogystal â sigârs! Roedd modd cynnal partïon yno a llogi ystafelloedd preifat ar gyfer cynnal pwyllgorau. Yn ddiddorol iawn yn y caffi hwn, neu yn y Queen's Hotel fel yr oedd yn cael ei alw bryd hynny cyn ei droi yn gaffi, y sefydlwyd Undeb Chwarelwyr Gogledd Cymru ar 27 Ebrill 1874.[1]

Roedd pawb oedd yn y cyfarfod y diwrnod hwnnw'n

Gymry gwladgarol ac wedi derbyn llythyr personol gan H.R. yn eu gwahodd i de i drafod y syniad o sefydlu 'Byddin Ymreolaeth'. I nifer, enw'n gysylltiedig â llythyrau a cholofnau niferus yn y wasg Gymraeg oedd 'H.R. Jones, 15 Lle Caradog, Ebenezer'. Nid oedd gan fawr neb unrhyw syniad sut un oedd o ran ei edrychiad, ac un o'r rheiny oedd Gwilym R. Jones o Dal-y-sarn, cyw ohebydd ar staff *Yr Herald Cymraeg* ar y pryd. Ar gychwyn y cyfarfod fe drodd Gwilym R. at D. Rowlands o Amlwch gan ofyn iddo pa un oedd H.R. ac fe gyfeiriodd yntau ef at 'ddyn ifanc tal, tenau, llwyd ei wedd oedd yn dangos arwyddion o'r gafael oedd gan y cyflwr darfodedigaeth arno'.[2] Dyma'r disgrifiad cyntaf sydd gennym o sut yr edrychai H.R. o ran ei bryd a'i wedd.

Roedd criw niferus o tua thri i bedwar dwsin o bobl wedi dod at ei gilydd y prynhawn hwnnw, nifer ohonynt yn barod i groesawu rhyw fath o fudiad fyddai'n deffro pobl Cymru o'u cwsg trwm ac yn atal y dirywiad yn hanes y Gymraeg. 'Yn y blynyddoedd o 1919 i 1925, yr oedd yr ysbryd gwladgarol, yr ysbryd cenedlaethol, yn is nag erioed; ar eu hanterth yr oedd rhagrith neu frad y pleidiau estron ar Gymru a'i rhyddid a'i diwylliant, a thaeogrwydd a difaterwch y genedl yn gyffredinol ynghylch ei dyfodol,' meddai J.E. Jones, a fyddai'n dilyn H.R. fel Ysgrifennydd Cyffredinol y Blaid.[3] Felly roedd cryn edrych ymlaen at weld beth fyddai canlyniad y cyfarfod.

Yn gwrando ar H.R. oedd y Prifathro Thomas Rees a'r Athro Ifor Williams, Bangor; Dr. E. Lloyd Owen, Cricieth; Mair Gwynedd, Y Felinheli; D. Rowlands, Amlwch; O. Llew Owain, Caernarfon; Ifan Alwyn Owen, Rhyd-ddu; Gwilym R. Jones, Tal-y-sarn; Dafydd Edmwnd Williams, y Groeslon (brawd Morris T. Williams, priod Kate Roberts yn ddiweddarach) a Walter S. Jones (Gwallter Llyfnwy), Llanllyfni. Roedd H.R. wedi gofyn i'r Dr. E. Lloyd Owen, Cricieth gadeirio'r cyfarfod.

Cyn codi ar ei draed i siarad eisteddai H.R. 'mewn congl a bwndeli o bapurau o'i flaen a phensil yn ei law'. Yr oedd wedi 'paratoi anerchiad a oedd yn rhyw fath o faniffesto ar gyfer y corff newydd yr oedd wedi bod yn breuddwydio amdano ac yn ei ddarllen mewn llais undonog iawn'.[4]

Nid oedd H.R. yn areithiwr wrth reddf ond roedd yn ddiffuant iawn yn yr hyn oedd ganddo i'w ddweud. Roedd yn barod i gydnabod nad oedd ganddo weledigaeth glir ond roedd yn cadw at ei gred bod hunanlywodraeth i Gymru a chyfiawnder i'r iaith Gymraeg yn nodau digon rhesymol i ymgyrraedd atynt.

Er tegwch iddo nid ar chwarae bach yr oedd siarad yn gyhoeddus a rhannu ei weledigaeth o flaen cynulleidfa o Gymry gwlatgar a oedd wedi dod yno ar ei wahoddiad ef. Roedd yno ar ei ben ei hun heb gefnogaeth unrhyw fudiad na chymdeithas. Dangosai hyn gryn ddewrder ar ei ran. Roedd y cyfan ar ei ysgwyddau ef heb wybod sut fyddai ei weledigaeth, os o gwbl, yn cael ei derbyn.

Fel y trodd pethau allan cymysglyd iawn oedd yr ymateb a gafodd i'w gyflwyniad. Efallai bod hyn i'w ddisgwyl oherwydd annelwig iawn oedd yr hyn oedd ganddo i'w gyflwyno iddynt.

Er bod nifer go dda yn awyddus i groesawu rhyw fath o fudiad roedd eraill yn cael 'tipyn o hwyl ar gorn y syniad' ac ar ben H.R. ei hun. Ymateb H.R. i hynny oedd gwenu'n glên arnynt a dweud 'Mi ddaw; gewch chi weld. Mi ddaw.'[5] Roedd hyn yn arwydd cynnar o'i ymroddiad di-ildio i'r achos. Nid oedd dim am ei rwystro. Dycnwch a dyfalbarhad oedd ei arfbais ef.

Yn y cyfarfodydd a ddilynodd roedd H.R. yn llawer mwy gobeithiol ac o'r farn fod y mudiad yn llwyddo a bod amryw yn dymuno ymuno â'r Fyddin. I'r cwestiwn ynglŷn ag aelodaeth y Fyddin, gallai H.R. adrodd yn gywir ddigon bod 'rhwng naw a deng mil' o aelodau.

Fodd bynnag nid oedd hyn yn cael ei adlewyrchu yn y

nifer isel oedd yn bresennol yn y cyfarfodydd. Y gwir yw y gwyddai H.R. yn ei galon nad oedd y cyfarfodydd yn dwyn ffrwyth fel yr oedd wedi ei obeithio ac i geisio gwneud yn iawn am hynny fe drodd at y wasg unwaith yn rhagor a chyhoeddi llythyr ym mis Mai 1924 i ddarllenwyr 'ymrestru yn llu mewn mudiad i ennill ymreolaeth'. Siomedig iawn fu'r ymateb eto. Tenau iawn a di-weledigaeth oedd y criw oedd yn dod at ei gilydd. Ond doedd dim am ddal H.R. yn ôl. 'Yn selog iawn, ac yn ddi-ollwng iawn. Nid oedd dim yn medru ei ddigalonni fo, ac fe ddaliodd ati.'[6]

Daeth yn amlwg iawn yn fuan bod gwahaniaethau barn mawr ymysg y rhengoedd am union gyfeiriad y mudiad. Roedd y criw mwyaf brwd yn sôn am ymgynnull fel byddin a gwersylla a dosbarthu pamffledi yn galw am 'wrthryfel Cymreig' yn yr ardaloedd o gwmpas. Roedd H.R. ar ben ei ddigon yn clywed hyn. Ei ymateb greddfol oedd y gallai gael gafael ar beiriant printio bach hwylus a'i fod yn gwybod am hen fwthyn bach yng nghanol y coed rywle yn Eifionydd lle oedd yn bosib argraffu miloedd ar filoedd o'r posteri a'r pamffledi angenrheidiol, llenyddiaeth y gellid ei dosbarthu gyda'r nos.

Ar y llaw arall nid oedd clywed am arfogi a sefydlu byddin ddim wrth fodd rhai o'r criw Rhyddfrydol canol oed oedd wedi ymuno â'r mudiad. Roedd sôn am hyn yn ddigon iddynt ddechrau tynnu eu cefnogaeth yn ôl. Ond doedd hyn ddim yn poeni fawr ddim ar H.R. Ei ymateb oedd 'mae'r ansawdd yn debyg o wella wrth i rai gwangalon gilio draw'.[7]

> Yr oedd y cyfarfodydd hyn, wrth gwrs, yn bethau digri' wrth edrych yn ôl arnyn' nhw: pawb â'i stori a phawb â'i theori; y gymysgfa ryfeddaf a welsoch chwi erioed, heb fawr o drefn a llun arnom ni. Ac eto yr oeddwn i yn methu â pheidio mynd iddyn' nhw.[8]

Fodd bynnag brynhawn dydd Sadwrn yr 20 Medi 1924 yn y Queen's Cafe, cafwyd y datblygiad mwyaf arwyddocaol hyd hynny o ran ceisio ffurfio mudiad unedig ar gyfer ymgyrchu dros ymreolaeth i Gymru. Eto nid ar chwarae bach ac nid heb drafferthion y digwyddodd hynny ychwaith.

Roedd carfanu'n digwydd ymysg y rhengoedd a H.R. yntau yn gymaint â neb yn ddiwyro yn ei safbwynt o ddilyn trywydd yr hyn oedd wedi digwydd yn Iwerddon.

Ar lefel Brydeinig roedd canlyniadau etholiadau cyffredinol 1922, 1923 a 1924 yn golygu bod Cymru fel pwnc gwleidyddol yn cael ei alltudio fwyfwy o'r agenda. Am etholiad cyffredinol 1924, dywedodd golygydd y *Welsh Outlook*, 'Ni bu etholiad o fewn cof y rhoddwyd ynddi cyn lleied o sylw i faterion Cymreig'. Mor isel oedd yr argyhoeddiad dros genedligrwydd Cymru erbyn hynny fel nad oedd o fawr fudd i ymgeiswyr seneddol y pleidiau Seisnig chwarae ar y tant Cymreig. Testun gwawd a chwerthin oedd Cymru a Chymraeg yn Senedd Lloegr.[9]

Yn ogystal roedd brwydr waedlyd Iwerddon i sicrhau rhyddid o afael Llundain yn gefndir i'r cyfan o'r trafodaethau ynglŷn ag ymreolaeth yng Nghymru yn y cyfnod hwn. Ym mis Rhagfyr 1921 roedd David Lloyd George a Michael Collins wedi arwyddo cytundeb i sefydlu Gwladwriaeth Rydd Iwerddon ac o fewn mis i hynny roedd Michael Collins yn arwain llywodraeth y Wladwriaeth newydd.

Barn H.R. yn ôl ei gyfeillion oedd bod angen gweithgarwch radical tebyg, gan gynnwys trais, i hyrwyddo achos cenedlaetholdeb Cymru hefyd. 'Fedrwn ni byth ddeffro cenedl sy' wedi cysgu mor hir heb aberthu mwy. Rhaid inni ddioddef. Rhaid colli gwaed. Mae'n mudiad ni'n rhy ddof, a ninnau'n llwfr.' Ond nid pawb o fewn y mudiad oedd yn cytuno ag ef yn hyn o beth.[10]

Erbyn hyn roedd cyfeillion a fu'n aelodau ffyddlon o'r Gymdeithas Genedlaethol Gymreig (Mudiad y Tair G) yng

Ngholeg y Brifysgol, Bangor, pobl fel Lewis E. Valentine a Moses Griffith, wedi gadael y Coleg ar y Bryn ac mewn swyddi, ac yn dod i'r cyfarfodydd oedd yn cael eu trefnu gan H.R.[11] Yr oedd y rhain yn fwy parod i ymladd yn y maes gwleidyddol nag oedd H.R. Sefydlwyd y gymdeithas hon wedi diwedd Rhyfel 1914-18 ac er yr ymddengys nad oedd amcanion a pholisïau ar bapur ganddi, mynegi a meithrin ysbryd gwlatgarol yn ogystal â thrin a thrafod pob agwedd ar wladgarwch ac ar fywyd Cymru oedd ei phwrpas.

Ateb H.R. i'w dadleuon cynnar hwy, yn ôl gohebydd yn *Yr Herald Cymraeg* a alwai ei hun yn 'gyfaill' iddo oedd, 'Rhaid inni aberthu dros Gymru, ac ni chawn ryddid byth nes bydd rhai ohonom wedi mynd yn ferthyron dros ein delfrydau.' 'Cofiaf', medd y gohebydd hwn, 'fel y dywedodd wrthyf un hwyrnos pan eisteddem ar fainc yng Nghei Caernarfon, "Fedrwn ni byth ddeffro Cymru heb i rai ohonom gael ein carcharu. Wn i ddim sut y mae hi hefo rhai ohonoch chi, ond rydw i wedi fy marcio (cyfeiriad at ei waeledd) ac ni fyddai gennyf lawer i'w golli pe carcherid fi; ie, pe crogid fi."'[12]

Yn y cyfarfod ar 20 Medi 1924 ugain yn unig oedd yn bresennol. Llywyddwyd y cyfarfod gan Dr. Lloyd Owen, Cricieth, a H.R. fel ysgrifennydd. Nid oedd pawb o'r un farn ynglŷn â beth i ymladd drosto nac ychwaith pa ddulliau y dylid eu mabwysiadu i gyrraedd y nod. Roedd y cyd-destun Gwyddelig yn dal yn faen tramgwydd i nifer ac yn hollti barn. Ceisiodd y Llywydd arwain y cyfarfod i ddilyn trywydd mwy cymedrol trwy ddweud y gellid croesawu 'agwedd filwriaethus' i'r mudiad cenedlaethol newydd, ond na fyddai lle i ddulliau 'trais'. Ar y llaw arall dadleuodd aelod o'r enw Evan Alwyn Owen i'r gwrthwyneb gan ddweud y byddai 'cyflwyno tipyn o Sinn Féin' i'r mudiad yn gallu bod o gymorth mawr.

Nid syndod felly oedd i'r cyfarfod ddod i ben unwaith yn rhagor heb allu cytuno ar gwestiwn y dulliau nac ychwaith ar ba fath o ymreolaeth fyddai o fudd i Gymru. Er hynny trwy ryfedd wyrth cytunwyd i ddewis 'Byddin Ymreolwyr Cymru' fel enw i'r mudiad, ac ethol swyddogion. Daeth Walter S. Jones (Gwallter Llyfnwy) o Ben-y-groes yn Llywydd, Evan Alwyn Owen o Ryd-ddu yn Drysorydd a H.R. yn Ysgrifennydd. Yn ddiddorol iawn roedd Walter S. Jones ac Evan Alwyn Owen yn bresennol yn y cyfarfod cyhoeddus cyntaf a drefnwyd gan H.R. ym mis Medi 1921.

Roedd y tri a ddewiswyd fel swyddogion yn dri deryn diddorol mewn sawl ffordd. Roedd Walter S. Jones (Gwallter Llyfnwy) yn enedigol o Bant-glas yn Eifionydd, ond yn byw ar y pryd yn Llanllyfni ac yn gweld ei hun fel dipyn o bob dim. Roedd ei ddiddordebau'n cynnwys bod yn eisteddfodwr brwd a ffyddlon, yn gerddor, bardd, beirniad, hanesydd lleol a chwedleuwr, ac roedd yn hoff o wleidyddiaeth.[13] Gyda'i fys mewn sawl potes roedd yn adnabyddus i nifer ac oherwydd ei arddeliad fel ymgyrchydd dros addysg Gymraeg roedd cefnogaeth iddo ymysg rhengoedd traddodiadol a diwylliannol y fyddin.

Soniwyd eisoes am Evan Alwyn Owen. Gan iddo weithio yn Adran Ariannol Swyddfa'r Sir yng Nghaernarfon ar un cyfnod, efallai mai dyna'r rheswm iddo gael swydd trysorydd. Roedd yn hynod frwdfrydig dros waith y mudiad ac yn awyddus iawn iddo lwyddo. Roedd yn ŵr chwim ei feddwl, yn gadarn ei ddaliadau ac yn ddarllenwr mawr.

Roedd dewis H.R. o Ebenezer fel ysgrifennydd yn amlwg gan mai ef oedd prif ysgogydd a threfnydd y cyfarfodydd oedd wedi arwain at sefydlu'r Fyddin.

Er bod y tri'n wahanol mewn sawl ffurf roedd sawl peth yn gyffredin rhyngddynt. Roedd y tri'n ddibriod, yn byw gyda'r un cyflwr iechyd difrifol, ac fe fuont farw o fewn ychydig amser i'w gilydd. O ran Gwallter Llyfnwy fe welwyd dirywiad mawr yn ei iechyd o adeg y Rhyfel Byd Cyntaf ymlaen a chanfuwyd ei fod yn dioddef o'r ddarfodedigaeth neu'r diciâu. Cafodd driniaeth feddygol yn sanatoriwm

Talgarth ger y Trallwng am gyfnod, a bu'n brwydro yn hir â'i afiechyd. Bu farw yn 1932 yn 49 oed.[14]

O gofio pa mor anhrefnus a diweledigaeth oedd y criw wedi bod, fe ellir dadlau bod cael enw i'r mudiad ac ethol swyddogion yn fan cychwyn addawol ac yn gosod rhywfaint o drefn a pheth syniad o'r ffordd ymlaen. Fodd bynnag, os awn ar sail yr hyn oedd gan ohebydd *Yr Herald Cymraeg,* oedd yn bresennol, i'w ddweud am y cyfarfod, nid oedd yn obeithiol am ddyfodol y fyddin. Adroddodd yn ddiflewyn-ar-dafod gyda'r sylw 'Onid yw'r mudiad am Ymreolaeth i Gymru yn rhywbeth mwy difrifol a chyfrifol na'r cyfarfod hwn gorau po gyntaf i roi terfyn arno.'[15]

Er bod fframwaith swyddogion mewn lle gan y fyddin daeth yn amlwg na fyddai'r gwahaniaethau barn a gafwyd yn y cyfarfod ddim yn diflannu. Er hynny roedd y cyfarfod yn arwydd fod H.R. Jones wedi llwyddo i ddechrau gosod sylfaen, er mor simsan yr olwg ydoedd, tuag at sefydlu gwir Blaid Genedlaethol ymhen ychydig amser.

Bwrw ymlaen ddaru H.R. â'i waith fel Ysgrifennydd y Fyddin. Gweithiai o'i gartref yn 15 Lle Caradog, Ebenezer. Roedd yn gohebu'n helaeth ar ran y fyddin a'i bwyslais yn fwy na dim ar geisio barn cyrff a sefydliadau ac unigolion blaenllaw fel Ifan ab Owen Edwards, William George, Iorwerth Peate a llu eraill ar draws Cymru am eu hymateb i ymreolaeth.

Ar drothwy Etholiad Cyffredinol Hydref 1924 bu'n gohebu ag ymgeiswyr o bob plaid ar draws siroedd y gogledd yn gofyn gyda holiadur a oeddent o blaid Ymreolaeth i Gymru; o blaid lle priodol i'r Gymraeg ym mhob llys, ysgol a chyngor; o blaid penodi Barnwyr Cymraeg i Lysoedd Cymru ac i weithrediadau y llys ddigwydd yn Gymraeg. Yna gorffen gyda chwestiwn pe byddai achos yn codi a fuasent, er mwyn hyrwyddo mesurau cenedlaethol Cymru yn barod i roi Cymru o flaen plaid. Cafwyd ymateb positif gan bob un ohonynt ond nid oedd Lesley Venetia Elizabeth

Brodrick (Unoliaethwyr), ymgeisydd (aflwyddiannus yn y diwedd) yn etholaeth Dinbych o blaid Ymreolaeth i Gymru, a deallir na dderbyniodd Mr. D. Lloyd George y llythyr mewn pryd i allu ei ateb cyn yr etholiad.[16]

Tra oedd H.R. yn ceisio hyrwyddo gwaith y Fyddin orau a allai roedd craciau yn dal i ymddangos o fewn y rhengoedd a'r un a deimlai hynny oedd y Trysorydd, Evan Alwyn Owen. Roedd yn edmygwr o H.R., yn gohebu yn aml ag ef, ac yn ddarllenwr brwd ar ei ysgrifau yn y wasg. Roedd y ddau yn perthyn i'r garfan o'r fyddin oedd yn gefnogol i ddulliau gweithredu Sinn Féin. Dangosai ddiddordeb byw iawn mewn gweld y fyddin yn llwyddo ac roedd yn awyddus i rannu ei syniadau ynglŷn â sut yr hoffai weld hynny'n digwydd.

Roedd yn awchu am weld pethau yn symud ymlaen ac yn barod iawn i ysgwyddo'r baich i alluogi i hynny ddigwydd. Doedd ganddo ddim ofn mynegi ei farn ac ni phryderai ormod am ganlyniadau gwneud hynny. Roedd yn awyddus i weld Cymru'n dangos tipyn o dân ac yn credu mai i'r eithafwyr roedd y diolch am yr hyn oedd wedi ei gyflawni hyd yma. Teimlai fod 'gennym lawer i'w ddysgu oddi wrth y Gwyddelod a phe ceid dipyn o Sinn Feinners yng Nghymru byddai yn well arnom'.[17]

Ond erbyn mis Tachwedd y flwyddyn honno roedd Evan Alwyn wedi symud oddi wrth y syniad o 'fyddin' ac yn hytrach yn ffafrio sefydlu plaid wleidyddol yn ei lle. Roedd wedi dod i'r casgliad yma ar ôl darllen ysgrifau ac erthyglau yr oedd H.R. wedi eu benthyg iddo a hefyd ar ôl ystyried yn fanwl y trafodaethau oedd wedi bod yn mynd ymlaen ym mhwyllgorau'r Fyddin.

Cyn dwyn ei syniadau ger bron pwyllgor y Fyddin roedd yn awyddus i'w rhannu gyda H.R. ac mewn gohebiaeth ato dywedodd ei fod yn bendant ei farn y dylid sefydlu 'Plaid Genedlaethol Gymreig'. Yn ei dyb ef trwyddi hi yn unig yr oedd modd i Gymru gael mesur llwyr o ymreolaeth.

Teimlai mai 'Unwaith y ceir calon Cymru i guro dros ei Chenedlaetholdeb ni raid bryderu na fydd iddi fynnu Annibyniaeth neu o leiaf Ymreolaeth lwyr. Erbyn hyn, nid oes gennyf fi wrthwynebiad pendant i Ymreolaeth fod ar y maniffesto.'[18]

Gyda sêl bendith H.R. gofynnodd am gael cynnig yr enw newydd 'Plaid Genedlaethol Gymreig' ger bron pwyllgor y Fyddin. Yn ogystal roedd am weld mwy na newid yr enw yr unig. Roedd am weld y pwyllgor yn cytuno ar swm penodol o tua swllt am ymaelodi a'i dalu yn flynyddol er y byddai pob croeso i bobl gyfrannu mwy na hynny. Roedd eisiau osgoi profiad Plaid Ryddfrydol Sir Gaernarfon ar y pryd o lusgo byw ar ewyllys da. Iddo ef os oedd pobl o ddifri ynglŷn ag ymaelodi yna ni fyddai ganddynt wrthwynebiad i godi tâl aelodaeth. Yr un pryd roedd yn awyddus i gael ymgeiswyr seneddol i'r blaid yn hytrach na dibynnu'n ormodol, fel y teimlai yr oedd y Cymry wedi ei wneud yn llawer rhy hir, ar ewyllys da aelodau seneddol pleidiau eraill.

Teimlai ei bod yn hen bryd sicrhau ymgeiswyr fyddai'n sefyll dros achos y blaid newydd ac yn barod i aberthu popeth er mwyn hawliau cenedl y Cymry. Roedd yn cymharu hyn i'r sefyllfa yn Iwerddon lle oedd y Gwyddelod wedi ennill eu hannibyniaeth a'u rhyddid trwy fynnu eu hawliau eu hunain.

Yn ychwanegol roedd yn awyddus i'r blaid newydd roi cefnogaeth lwyr i Gynghrair y Cenhedloedd, nid yn unig oherwydd bod hynny'n beth ardderchog ynddo'i hun ond er mwyn ennill cefnogaeth cannoedd o gydwladwyr i achos Cymru. Hefyd os byddai pwyllgor y Fyddin yn cytuno i ffurfio'r blaid newydd roedd yn awyddus i ymgynghori gyda phlaid debyg o'r Alban er mwyn sicrhau eu cydweithrediad a gallu ennill manteision i'w gilydd ar lawr y Senedd yn Llundain.

Erbyn mis Rhagfyr roedd yn daer dros weld Plaid Genedlaethol Cymru yn cael ei ffurfio gan y teimlai yn angerddol bod Cymru yn barod am blaid o'r fath. Gymaint oedd ei frwdfrydedd fel yr awgrymodd i H.R. y dylent wneud apêl rhag blaen yn y wasg am aelodau i'r blaid newydd. Doedd dim pall ar ei frwdfrydedd.

Yn y cyfamser roedd mater arall wedi codi a oedd yn ôl Evan Alwyn yn bygwth y bwriadau oedd ganddo ef i sefydlu Plaid Genedlaethol Cymru. Er nad oedd ef ei hun yn y cyfarfod roedd ar ddeall bod pwyllgor y Fyddin wedi cymeradwyo'r syniad i bedwar o'r pwyllgor fynd i gyfarfod ym Mangor gyda'r amcan o wneud trefniadau i ymuno â Chymdeithas y Tair G. Y bwriad wedyn fyddai dewis pwyllgor ar gyfer ffurfio Plaid Genedlaethol Gymreig gan ddiddymu pwyllgor y fyddin yng Nghaernarfon. Hefyd mai mater yr iaith fyddai blaenoriaeth y blaid newydd ac na fyddai sôn am ymreolaeth. Roedd Evan Alwyn ymhell o fod yn hapus gyda hyn.[19]

Ni allai yn ei fyw weld bod angen y symudiad yma o gwbl. Pe byddai cytundeb i newid enw y fyddin i Blaid Genedlaethol Cymru, y cam wedyn iddo ef fyddai sefydlu canghennau o'r blaid newydd ym mhob cwr o'r wlad a chael cynrychiolaeth ohonynt ar bwyllgor gwaith pob sir. Credai mai o'r gwaelod i fyny oedd y modd mwyaf effeithiol o sicrhau cefnogaeth y werin bobl a denu pobl ifanc i'w rhengoedd yn hytrach na thrwy ymuno â chymdeithas oedd fel pob cymdeithas arall yn ei dyb ef wedi bod yn fethiant o ran sicrhau hawliau i Gymru. Roedd yn poeni na fyddai gan y werin bobl lais o gwbl wrth ymuno â Chymdeithas y Tair G gan y byddai'r cwbl yng ngafael criw bach fyddai'n rhy barchus i wneud dim byd arloesol a gwahanol. Iddo ef roedd angen gwaed newydd a gadael i bobl ifanc gwahanol ardaloedd sefyll ar eu traed eu hunain yn union fel oedd y Blaid Lafur wedi llwyddo i'w wneud ac ennill gymaint o gefnogaeth trwy wneud hynny. Gymaint oedd ei siom nes iddo bron ystyried ymddiswyddo fel aelod o bwyllgor y Fyddin.

Roedd Evan Alwyn yn cwestiynu cymhelliad W.S. Jones, y Llywydd yn hyn i gyd ac fe aeth mor bell â dweud ei fod yn amheus fod yna dwyll yn mynd ymlaen. Diwylliannol oedd pwyslais W.S. Jones a'i obaith oedd gweld ymgyrch yn datblygu er mwyn 'Gorfodi'r Gymraeg' ochr yn ochr â'r Saesneg yn yr ysgolion, a'r un pryd sicrhau bod holl athrawon ysgolion elfennol Cymru a'r gallu i 'ddarlithio' yn Gymraeg. Felly i bob pwrpas byddai gweld y Fyddin yn ymuno â Chymdeithas y Tair G yn fanteisiol iawn iddo symud yr agenda oedd ganddo yn ei blaen.

Fodd bynnag, mewn cyfarfod o bwyllgor y Fyddin a gynhaliwyd yn y Queen's Cafe ar 20 Rhagfyr 1924 cynigiodd Evan Alwyn Owen y dylid gollwng yr enw Byddin Ymreolwyr Cymru ac yn hytrach fabwysiadu'r enw Plaid Genedlaethol Cymru yn ei le. Ymhelaethodd gan ddweud y dylai'r blaid hon godi arian, noddi ymgeiswyr seneddol, cydweithredu gyda chenedlaetholwyr yr Alban a datgan mai aelodaeth Cymru yng Nghynghrair y Cenhedloedd oedd ei nod. A dyna a ddigwyddodd. Yn y cyfarfod hanesyddol hwn gwireddwyd gweledigaeth Evan Alwyn Owen. 'Os gellir ystyried un person fel sylfaenydd Plaid Genedlaethol Cymru, i Evan Alwyn Owen y perthyn yr anrhydedd hwnnw,' meddai Richard Wyn Jones.[20]

Felly o fewn tri mis roedd cyfnod byr Byddin Ymreolwyr Cymru wedi dod i ben a Phlaid Genedlaethol Cymru wedi ei ffurfio. Dewiswyd y Parchedig Lewis Valentine, gweinidog gyda'r Bedyddwyr fel Llywydd, H.R. fel Ysgrifennydd a Moses Griffith yn Drysorydd. Roedd Moses Griffith yn enedigol o Edern yn Llŷn a phan ddaeth yn Drysorydd roedd yn Drefnydd Amaethyddol dros Sir Feirionnydd.

Roedd penodiad y Llywydd a'r Trysorydd yn arwyddocaol yn yr ystyr bod y ddau wedi ymhél â Chymdeithas y Tair G yn y Coleg ym Mangor, sef yr union gymdeithas yr oedd Evan Alwyn Owen yn bryderus iawn ynglŷn â'r bwriad o'i huno gyda'r fyddin. Mae'n ymddangos na fu i'r pryderon hynny gael eu gwireddu.

Ar y llaw arall roedd sail i'r pryderon oedd gan Evan Alwyn cyn sefydlu Plaid Genedlaethol Cymru am gymhelliad W.S. Jones i uno Cymdeithas y Tair G a Phlaid Genedlaethol Cymru ac i chwarae i lawr brif nod y blaid newydd o ymreolaeth i Gymru. Ar gynffon ei lythyr a ymddangosodd yn *Yr Herald Cymraeg* ar ôl sefydlu Plaid Genedlaethol Cymru roedd W.S. Jones yn dal i gadw at ei ddaliadau gwreiddiol. 'Er bod ymreolaeth ar y rhaglen, ni raid i neb ofni hynny, rhag ymuno a'r Blaid Genedlaethol Gymreig hon.'[21] O ddarllen y llythyr roedd Evan Alwyn Owen yn teimlo'n gryf bod hyn yn achos galw am ymddiheuriad neu ymddiswyddiad gan W.S.[22]

Sosialydd rhonc yn y bôn oedd Gwallter Llyfnwy a dangosodd ei liw gwleidyddol yn gyhoeddus iawn ychydig flynyddoedd yn ddiweddarach yn ystod Etholiad 1929 pan safodd Lewis Valentine fel ymgeisydd seneddol cyntaf y Blaid Genedlaethol. Yn ystod yr ymgyrch etholiadol fe aeth o gwmpas y gwahanol drefi a phentrefi i siarad yn gyhoeddus ac i ganfasio dros y Blaid Lafur. Yn sgil buddugoliaeth Llafur yn yr etholiad hwnnw meddai, 'Wedi buddugoliaeth Llafur yr wyf yn llawenhau ddarfod i Lafur gael y llaw uchaf ar ddiawliaid yr oes, a gobeithiaf y bydd iddynt roddi gwell trefn ar y byd cyn bo hir.' Wedi dweud hynny nid oedd wedi troi ei gefn yn gyfan gwbl ar y Blaid Genedlaethol. Yr un pryd dywedodd, 'Gresyn i Valentine ddod allan y tro yma. Nid yw'r wlad eto wedi ei haeddfedu i'w genadwri, ond yn bendifaddau y hi fydd plaid y dyfodol.'[23] Erbyn Medi 1930 fe fu iddo gefnu ar y Blaid Lafur ac yn rhyfeddol fe wnaed cais ganddo mewn llythyr at Saunders Lewis am swydd Trefnydd y Blaid Genedlaethol yn sgil marwolaeth H.R. Jones.[24]

Yn dilyn y garreg filltir bwysig hon yn hanes cenedlaetholdeb yng Nghymru gyda sefydlu Plaid

Genedlaethol Cymru, roedd cyfnod cyffrous ac arwyddocaol pellach ar y gorwel a byddai H.R. yn chwarae rhan ganolog yn y bennod newydd oedd ar ddod.

8

Y Gŵr o Ryd-ddu

'NI BYDD HANES ein mudiad yn gyflawn oni chysylltir â'i gychwyniad enw Evan Alwyn Owen.'[1]

Mae'n debyg mai i Evan Alwyn Owen o Ryd-ddu y mae'r diolch mwyaf am sefydlu Plaid Genedlaethol Cymru ar ddiwedd 1924. Fel y gwyddom eisoes y fo gynigiodd yr enw ar y blaid newydd ac ef a osododd gyfeiriad iddi. Ond pwy oedd yr Evan Alwyn Owen yma neu Evan Alwyn fel y daeth i gael ei adnabod yn ddiweddarach gan aelodau'r Blaid?[2]

Pobl ddŵad i Ryd-ddu oedd hynafiaid Evan Alwyn Owen i gyd, sydd yn adlewyrchu atynfa Rhyd-ddu ganol y bedwaredd ganrif ar bymtheg fel pentref diwydiannol yn seiliedig ar y chwareli llechi a'r gweithiau copr gerllaw yn Nrws y Coed.

Ei rieni oedd Owen Evan Owen, ganed 1866, a Mary Jane Owen (Parry cyn priodi), ganed 1876. Roedd y tad yn wreiddiol o Nantlle, ac er bod y fam yn dod o Ryd-ddu, symud i mewn i'r pentref oedd hanes ei rhieni.

Fe anwyd dau o blant iddynt: Catherine yn 1901 (fel Katie y byddai pawb yn cyfeirio ati a dyna ei henw ar ei charreg fedd), ac Evan Alwyn y flwyddyn ganlynol ar 8 Mawrth 1902.

Roedd eu tad yn hunangyflogedig ac yn cadw siop Tan y Graig ar Stryd Tan y Graig yn Rhyd-ddu a dyna lle oedd y teulu'n byw. Roedd ganddynt forwyn o'r enw

Laura Williams o Lanllechid yn byw gyda hwy. O gofio twf economaidd y pentref a chefndir busnes y teulu yn mynd yn ôl ddwy genhedlaeth y tebyg yw bod cadw siop yn fusnes llewyrchus. Nid teulu cyffredin, felly, oedd yr Oweniaid.

Pan ddaeth Evan Alwyn i'r byd roedd Rhyd-ddu yn bentref bywiog a phrysur iawn. Roedd yn bentref diwydiannol i bob pwrpas. Roedd tair chwarel lechi yn yr ardal, sef Glan yr Afon, South Snowdon a Ffridd Isaf a chryn fynd ar fasnach lechi Eryri ar y pryd. Rhwng 1841 ac 1881, roedd y pentref wedi dyblu ei boblogaeth, o gant ac ugain i tua dau gant a hanner. Gyda datblygiad y chwareli ganol y bedwaredd ganrif ar bymtheg, roedd angen gwasanaethau ar y gymuned leol. Erbyn degawdau olaf y ganrif roedd yn Rhyd-ddu nid yn unig hen dafarn y Cwellyn Arms, ond hefyd siopau, swyddfa bost, gwerthwr glo, gwniadwraig, capel ers 1825 (yr oedd pum cant o aelodau yno erbyn diwedd y ganrif), yn ogystal â ffatri wlân.[3]

Ar yr un pryd roedd yn bentref oedd yn denu twristiaid. Rhwng mis Mawrth a mis Tachwedd bob blwyddyn, deuai heidiau o bobl o Loegr ac o'r Cyfandir oddi ar y trên (y North Wales Narrow Gauge Railway) yn Snowdon Station â'u bryd ar grwydro llethrau'r Wyddfa, boed hynny ar droed neu ar gefn merlen.[4]

Addysgwyd Evan Alwyn yn Ysgol y Cyngor, Rhyd-ddu a'r Prifathro yn y cyfnod hwnnw oedd Henry Parry-Williams, sef tad T. H. Parry Williams. Roedd yn addysgwr arloesol iawn. Roedd ei ddylanwad yn fawr ar y disgyblion oedd dan ei ofal a'r tebyg yw bod hyn yn wir am Evan Alwyn.

> Roedd Henry'n addysgwr ymroddedig a ymdrechai i roi addysg dda a blaengar i'w ddisgyblion... roedd... ymhlith y cyntaf yng Nghymru i roi pwyslais ar ddysgu Cymraeg a llenyddiaeth Gymraeg i blant mewn ysgol elfennol... Gwelir ei flaengarwch yn adroddiadau'r arolygwyr a ddeuai yno i gadw llygad ar ei waith... Ysgrifennodd yr arolygwr L.J. Roberts adroddiad ar gyfer O.M. Edwards yn nodi

> llwyddiant ysgolfeistr Rhyd-ddu yn trwytho'r plant, nid yn unig mewn llenyddiaeth Gymraeg ddiweddar ond yn y traddodiad llenyddol hefyd.[5]

Yna fe aeth Evan ymlaen i Ysgol Ganol Caernarfon ac wedyn i Goleg Skerry yn Lerpwl. Sefydlwyd y coleg arbennig hwn, y cyntaf o'i fath ym Mhrydain, ar gyfer darparu hyfforddiant ar gyfer pobl ifanc oedd yn bwriadu mynd i'r Gwasanaeth Sifil neu'r Gwasanaeth Post a swyddi eraill mewn llywodraeth. Yr hyn oedd yn arbennig am y coleg oedd bod modd astudio'r gwahanol bynciau drwy ohebiaeth, sef dysgu o bell fel y buasem yn ei ddweud heddiw. Nid oes tystiolaeth bod Evan wedi mynd i'r coleg i astudio. Y tebyg yw ei fod wedi aros gartref ac astudio'r un pryd.

Ni wyddom pa bryd y digwyddodd hyn ond deallir iddo gael swydd yn yr adran ariannol yn Swyddfa'r Sir yng Nghaernarfon. Yna gyda'i fryd ar weithio yn y wasg fe gafodd swydd yn Swyddfa'r *Genedl Gymreig* yng Nghaernarfon. Ni chafodd gyfle i ddangos fawr ddim o'i ddawn fel gohebydd yno, oblegid torrodd ei iechyd a bu raid iddo roi'r gorau i'w waith ac aros gartref. Yn y cyfnod yma ef oedd gohebydd *Y Genedl Gymreig* yn yr ardal.[6]

Ac yntau'n fachgen ifanc pedair ar bymtheg oed, roedd Evan Alwyn yn bresennol yn y cyfarfod cyntaf hwnnw yn 1921 yn y Queen's Cafe yng Nghaernarfon lle bu i H.R. rannu ei weledigaeth am ymreolaeth i Gymru. Fel H.R. roedd ganddo yntau lythyrau yn y wasg yn gofyn ar i'r Cymry ddeffro o'u cwsg a mynnu ymreolaeth i'w gwlad. Y tebyg yw bod H.R. yn ei adnabod gan mai trwy lythyr roedd pawb wedi cael gwahoddiad i'r cyfarfod hwnnw.

> Llythyrau miniog, rhesymegol, oedd y rheini, a gallai dyn dybio mai gwr garw'i wedd a llym ei eiriau a'u lluniasai. Parodd ei weled yn y cnawd beth siomiant imi.[7]

Mae'n ymddangos iddo greu argraff yn gynnar iawn wrth fynychu cyfarfodydd y Fyddin.

> ... daeth aelodau'r fyddin i'r casgliad bod ganddynt yn Evan Alwyn er mor wachul ei wedd ac er gwaethaf ei lais cryg, ddefnydd ymladdwr glew dros yr egwyddorion y credai ynddynt. Mwy na hynny, dysgasom oll – ei gyd aelodau yn 'Y Fyddin' – fod ganddo weledigaeth eglur ar y gwaith o sefydlu a threfnu'r mudiad cenedlaethol.[8]

Er ei ffyddlondeb llwyr i'r Fyddin roedd ei sefyllfa gartref ar adegau yn gwneud pethau'n rhwystredig iawn iddo. Roedd y teulu'n gyndyn iawn iddo fynychu cyfarfodydd y Fyddin yn rheolaidd ar foreau Sadwrn yng Nghaernarfon gan eu bod nhw angen iddo weithio yn y siop. Roedd ei dad wedi marw ers 1920 ac felly roedd busnes y siop yn dibynnu ar ei fam, ei chwaer ac yntau.

> Byddai yn dda iawn gennyf pe gallwn ddod i lawr yfory – ond bum i lawr y Sadwrn diweddaf ac y maent yn gyndyn iawn o adael i mi ddod i lawr bob Sadwrn – sef gadael y masnach dy yma...[9]

Er hyn daliai ati i geisio cefnogaeth i'r Fyddin ar lawr gwlad ac âi o gwmpas cartrefi'r pentref a'r ardal gyda chyflenwad o ffurflenni ymaelodi i'w llenwi. Galwodd yng nghartref un o enwogion y pentref![10] 'Nid oedd Dr. T.H. Parry Williams adref y Sul. Caf ei weld eto.'

O ran ei gymeriad roedd Evan Alwyn yn cael ei ystyried yn ŵr addfwyn a boneddigaidd iawn gyda Chymru a'r Gymraeg yn aruthrol o bwysig iddo. Eto er ei addfwynder, roedd yn barod iawn i sefyll yn gadarn dros ei egwyddorion.

Roedd yn chwarae rhan amlwg ym mywyd crefyddol a chymdeithasol yr ardal. Roedd yn gefnogol i'r Ysgol Sul, y Cyfarfod Ysgol, y Gymanfa Ganu a'r Cyfarfodydd Llenyddol.[11]

Roedd yn aelod selog a chefnogol o Gymdeithas Cymru Fydd y pentref. Mae stori amdano yn un o nosweithiau'r Gymdeithas yn cymryd ochr gadarnhaol mewn dadl 'A ddylid cael Ymreolaeth i Gymru?'. Yn ôl pob sôn roedd yn gyfarfod brwdfrydig iawn a dadleuon gwych. Pan roddwyd y ddadl i bleidlais cafwyd yr un nifer dros y ddwy ochr, ond setlwyd y ddadl yn y diwedd trwy i'r Llywydd, y Parch. R. Edwards, roi ei bleidlais o blaid Ymreolaeth. Cafwyd bonllef fyddarol pan gyhoeddwyd hynny.[12]

Roedd Katie ei chwaer hithau yn chwarae ei rhan yn y gymuned. Ceir sôn amdani ar noson Nadolig yn cyfeilio mewn cyfarfod adloniadol oedd wedi ei drefnu gan Gymdeithas Cymru Fydd.[13]

Beth a ddigwyddodd i Evan Alwyn ar ôl ei gyfraniad allweddol tuag at sefydlu Plaid Genedlaethol Cymru ar ddiwedd 1924? Nid yw ei enw'n ymddangos yn ystod y misoedd a arweiniodd at yr uniad hanesyddol ym Mhwllheli yn Awst 1925 nac wedyn ychwaith. Mi fyddai rhywun wedi disgwyl y byddai ganddo gyfraniad allweddol yn y dasg o symud y Blaid i'r cam nesaf. Tybed oedd gan Saunders Lewis rywbeth i'w wneud â hyn oherwydd erbyn yr uniad hanesyddol ym Mhwllheli roedd y Blaid Genedlaethol yn anifail cwbl wahanol i'r weledigaeth oedd gan Evan Alwyn ar ei chyfer ar ddiwedd 1924?

Er hynny, fe wyddom i Evan Alwyn barhau i weithio dros y Blaid yn lleol a dangos yr un angerdd drosti. Fe fynychodd Ysgol Haf y Blaid ym Machynlleth yn Awst 1926 ac yn ôl ei gyfaddefiad ei hun cael modd i fyw yn gwrando ar yr areithiau yno. Daeth adre'r noson honno am 11.00 o'r gloch y nos, a'r bore canlynol fe ddaeth ar draws T.H. Parry Williams yn y pentre, adrodd peth o hanes yr Ysgol Haf wrtho a gofyn iddo a fyddai ganddo ddiddordeb mewn ymuno â'r Blaid. Addawodd T.H. wneud hynny ac yn ddiweddarach y diwrnod hwnnw fe aeth Evan Alwyn â ffurflen ymaelodi iddo.[14]

Erbyn Awst 1926 roedd cangen o'r Blaid Genedlaethol wedi ei sefydlu yn y pentref. Digwyddodd hyn ar ôl derbyniad brwdfrydig i anerchiad gan Ambrose Bebb ac fe benodwyd swyddogion i'r gangen.[15]

Fel yr âi'r blynyddoedd yn eu blaenau roedd ei gyflwr iechyd yn rhwystr cyson iddo a byddai'n gorfod ymddiheuro na allai fynychu cyfarfodydd nac ychwaith drefnu digwyddiadau'n lleol gan nad oedd yn hanner da ac o dan law y meddyg. Roedd yn awyddus i wneud mwy dros y Blaid ac yn ymddiheuro nad oedd ei gyflwr yn caniatáu iddo wneud hynny.[16]

Er gymaint yr oedd ef ei hun yn dioddef roedd ganddo amser o hyd i holi H.R. sut oedd ef yn delio â chyflwr ei iechyd yntau, ac roedd yn barod i rannu gwybodaeth am y meddyginiaethau yr oedd yn eu cymryd a'u heffaith arno. Byddai H.R. yn galw i'w weld yn ei gartref ac yn ystod un o'r ymweliadau hyn adroddodd wrth H.R. ei fod yn teimlo'n wan iawn, yn fyr ei wynt wrth gerdded y mymryn lleiaf ac yn chwyrnu yn arw yn y nos.[17]

Ar un adeg teimlai ei fod wedi cael gwellhad llwyr o'i gyflwr. Roedd wedi cymryd meddyginiaeth gan un oedd, yn ôl yr hyn a ddeallai, wedi cael gwellhad llwyr trwyddo. O fewn dim teimlai ei fod wedi gwella ac roedd yn rhyfeddu bod hyn wedi digwydd mewn cyn lleied o amser. O ganlyniad roedd yn awyddus i eraill ddod i wybod am yr un feddyginiaeth.[18]

Er ymladd yn gyson yn erbyn effeithiau ei iechyd bregus a'r cyfyngiadau yr oedd hyn yn eu gosod arno, cafodd ei enwebu i wasanaethu ar Gyngor Plwyf Beddgelert mewn Cwrdd Plwyf nos Sadwrn, 10 Mawrth 1928 am dymor o dair blynedd. Roedd ymysg pymtheg a gafodd eu dewis i wasanaethu'r cyngor y flwyddyn honno. Roedd yn 27 oed erbyn hynny.

Ond bu bron i'w gyfnod fel cynghorydd ddod i ben o fewn ychydig fisoedd. Ym mis Gorffennaf fe wrthododd arwyddo datganiad Saesneg y Cyngor ar gyfer derbyn y swydd. Rhoddwyd ar ddeall iddo na fyddai yn cael bod yn aelod o'r Cyngor heb arwyddo, ac ar ôl trafodaeth frwd pasiwyd i ohirio'r mater. Fodd bynnag, erbyn diwedd y mis cafodd Evan Alwyn wybod ei fod yn cael arwyddo'r llyfr a datganiad y swydd yn Gymraeg.

Mewn gohebiaeth gan Evan Alwyn at H.R. y bore canlynol mae'n cydnabod bod y wybodaeth a dderbyniodd gan H.R. wedi bod o help mawr iddo 'yrru'r maen i'r wal' yn y cyfarfod. Adroddodd fel roedd un aelod o Sais wedi dweud mewn cyfarfod blaenorol nad oedd dim dewis ganddo ond tynnu'n ôl o'r cyngor er bod yr aelod hwnnw yn cael caniatâd i ddefnyddio Saesneg ym mhob cyfarfod. Yntau yn dadlau wedyn pa fath o gyfiawnder oedd ei rwystro ef rhag arwyddo'r datganiad yn derbyn y swydd yn ei iaith ei hun. Daeth y drafodaeth i ben pan ddywedodd y Cadeirydd yn y diwedd nad oedd ganddo unrhyw wrthwynebiad yn bersonol a'i fod o'r farn fod y cynnig yn eithaf teg. Rhoddwyd y cynnig i bleidlais ac fe gytunwyd bod Evan Alwyn yn cael arwyddo'r llyfr a datganiad y swydd yn Gymraeg.[19]

Nid dyma oedd yr unig fuddugoliaeth a ddaeth i'w ran tra oedd yn gwasanaethu ar y cyngor. Ym mis Hydref y flwyddyn honno cafodd gefnogaeth unfrydol y cyngor i'w gynnig am i'r cyngor sir osod bwth pleidleisio ar adeg etholiad i ardalwyr Drws y Coed a Rhyd-ddu ym mhentref Rhyd-ddu. Hefyd erbyn 22 Chwefror 1929 derbyniodd Cyngor Plwyf Beddgelert ohebiaeth gan y cyngor sir yn hysbysu'r cyngor bod y plwyf wedi ei rannu yn ddwy ward a'u galw yn wardiau Rhyd ddu a Beddgelert.

Erbyn cychwyn 1929 roedd Evan Alwyn yn teimlo'n euog dros ben nad oedd yn gallu cyfrannu'n ariannol at waith y Blaid. Nid oedd wedi gallu gweithio ers tro a'i arian bron i gyd wedi mynd at geisio cadw'i hun yn iach. Er ei fod yn gweld ei hun yn gwella'n araf ac yn gallu codi i fynd allan, teimlai nad oedd yn dal ddim yn ddigon da ei iechyd i fod o gymorth i'r Blaid.[20]

Pan ddaeth y newydd ym mis Awst 1929 bod H.R. yn mynd i orfod rhoi'r gorau i'w swydd fel Trefnydd ar sail iechyd roedd Evan Alwyn yn gallu cydymdeimlo yn llwyr â'i sefyllfa. Fe wyddai yntau beth oedd gorfod rhoi swydd addawol iawn i fyny oherwydd afiechyd, a cholli aml un arall hefyd. Ei neges i H.R. oedd iddo ganolbwyntio ar adennill ei iechyd ac y byddai gollwng y cyfrifoldeb o fod yn Drefnydd yn rhyddhau tipyn arno.[21]

Fodd bynnag, er gymaint oedd ei gyflwr blin yn ei lethu roedd trwy ryfedd wyrth yn gallu dangos ochr ddiriedus iawn i'w gymeriad. Mae hanes amdano ef a Gwilym R. Jones yn cerdded o gwmpas strydoedd Caernarfon yn ystod Etholiad Cyffredinol 1929 pryd y safodd y Parch. Lewis Valentine fel ymgeisydd Plaid Genedlaethol Cymru am y tro cyntaf. Wrth gerdded fe welsant fan o eiddo'r Blaid Ryddfrydol yn symud yn araf ar hyd y brif ffordd a'r geiriau 'Rhyddfrydiaeth – Angen Cymru' ar ei hochr. Yn sydyn daeth i ben un ohonynt (ni wyddom pa un) i chwalu un llythyren â sialc, a gosod llythyren arall yn ei lle er mwyn newid y slogan. Yn ddiweddarach daethant ar draws y fan wedi ei pharcio ar y Maes heb neb ar ei chyfyl. O weld hyn fe fanteisiodd y ddau ar y cyfle i brynu sialc gwyn ac o fewn ychydig eiliadau roedd y slogan wedi ei newid yn 'Rhyddfrydiaeth – Angeu Cymru'! [22]

Collodd Evan Alwyn ei frwydr yn erbyn ei salwch ar 29 Mehefin 1930. Roedd yn 28 oed. Bythefnos ynghynt ar 17 Mehefin 1930 roedd H.R. wedi marw'n 36 oed. Y ddau yn marw'r un mis, yr un flwyddyn, ac o fewn pythefnos i'w gilydd.

Yn ei angladd preifat ar 1 Gorffennaf 1930, cynrychiolwyd Plaid Genedlaethol Cymru gan Dr. Lloyd Owen, Cricieth a derbyniwyd llythyr gan y Parch L. E. Valentine yn gofidio ei fod yn methu bod yn bresennol.

Derbyniwyd torch flodau gan y Blaid Genedlaethol a Chymdeithas Cymru Fydd, Rhyd-ddu.[23]

Fe'i claddwyd gyda'i dad, a oedd wedi marw ddeng mlynedd ynghynt ar Orffennaf y pedwerydd 1920 yn 54 mlwydd oed, y ddau wedi'u claddu ym mynwent Beddgelert. Yn dilyn ei farwolaeth rhoddwyd teyrnged iddo gan R. Williams Parry, llywydd Pwyllgor Sir Gaernarfon o Blaid Genedlaethol Cymru, a ddywedodd fod Cymru a delfrydau ei Blaid yn bopeth i Evan Alwyn a H.R.

> Ni welai'r ddau ddim ond un ochr i gwestiwn cenedlaetholdeb Cymreig, a dynion na welent ond un ochr i bethau ac a rôi eu gwasanaeth i un achos a adawai ddylanwad arhosol ar fywydau y sawl a'u goroesai.[24]

Yr un oedd cynnwys teyrnged Bob Owen, Croesor i'r ddau.

> Meddai y ddau ar nodweddion tebyg iawn i'w gilydd. Rhyw wytnwch anghyffredin a gallu i lynu yn ddewr ac eofn wrth eu hargyhoeddiad er maint a fyddai y gwrthwynebiadau.[25]

Ddeng mlynedd yn ddiweddarach ar 21 Rhagfyr 1940 bu farw'i chwaer Catherine Owen yn 39 mlwydd oed. Fe'i claddwyd ar ei phen ei hun mewn bedd cyfagos gyda'r enw Katie Owen ar ei charreg fedd. Fel ei brawd roedd hithau'n ddi-briod.

Hyd at ei marwolaeth roedd Katie yn byw gyda'i mam a dau arall, sef Thomas ac Ann Jones – y tri ohonynt mewn cryn oed erbyn hynny. Roedd Thomas yn 71 oed ac Ann Jones yn 73 oed. Roedd Thomas yn 'superintendent teligraff' gyda Swyddfa'r Post ac wedi ymddeol tra bod mam Evan Alwyn yn nodi ei galwedigaeth fel 'grocery dealer'.[26]

Ofer hyd yma fu dod i wybod am flynyddoedd olaf Mary Jane Owen, mam Evan Alwyn. Yr unig beth a wyddom yw bod ganddi gysylltiad efo'r siop yn Rhyd Ddu hyd nes ei bod yn 64 oed. Mae'n debyg mai rywbryd yn y 40au neu'r 50au y bu hi farw ond pryd yn union ac yn lle y cafodd hi ei chladdu ni wyddom.

9

Dwy a Roddodd Oes o Wasanaeth i'r Blaid

ER MAI GYDAG enw H.R. y cysylltir yn bennaf yr ymdrechion cynnar i sefydlu Plaid Genedlaethol Cymru, fe gafwyd cyfraniad allweddol a phwysig gan ddwy chwaer oedd yn byw yn Glanrhydfadog, tŷ o fewn tafliad carreg i gartref H.R. ym mhentref Ebenezer. Y ddwy oedd Elizabeth May Roberts a Priscilla Maud Roberts, neu Mai a Priscie Roberts fel y byddai'r ddwy yn cael eu galw.

Eu rhieni oedd John a Laura Roberts. Gweithiai'r tad yn Chwarel Dinorwig a'i dad yntau wedi gweithio yno o'i flaen. Roedd pedwar o blant i gyd. Mai oedd y ferch hynaf ac yna Priscie. Hefyd chwaer fengach, Catherine (Katie) a brawd o'r enw Idwal.

Roedd Mai a Priscie yn cydoesi â H.R., ac ar ôl gadael Ysgol Brynrefail fe drodd y ddwy at ddilyn cyrsiau mewn gwaith swyddfa. Arhosodd Priscie yn ei chynefin i wneud hynny tra aeth Mai i ddilyn cwrs ysgrifenyddol ym Manceinion, cwrs oedd yn cynnwys llaw-fer, teipio a chyfrifon.

Ar ddiwedd y Rhyfel Mawr yn 1918, a hithau'n bedair ar bymtheg oed, fe lwyddodd Mai i gael swydd yn Llundain fel ysgrifenyddes breifat i E.T.John, un a fu'n aelod seneddol Rhyddfrydol. Cyn troi at wleidyddiaeth, diwydiannwr oedd E.T. John, perchennog gwaith haearn, a aned ym

Mhontypridd. Cafodd Mai brofiadau a chyfleoedd lawer yn ystod y deg mlynedd y bu hi'n gweithio i E.T. John, a chydnabyddid hi fel gweinyddwraig a threfnydd hynod effeithiol ac uchel ei pharch gan bawb.

Roedd Llundain yn fwrlwm o fywyd gwleidyddol a chymdeithasol cyffrous, ac yn ei swydd daeth Mai i gysylltiad agos â phobl o dras uchel a phobl mewn swyddi blaenllaw yn Llundain, Prydain a Chymru. Fe wyddai pwy oedd pwy yng Nghymru, a dros y blynyddoedd gwyddai'n well na neb pwy ym mywyd cyhoeddus Cymru y gellid dibynnu arnynt a phwy oedd ddim mor gefnogol i'r achos cenedlaethol.

Fe gynrychiolodd E.T. John Ddwyrain Sir Ddinbych fel aelod seneddol Rhyddfrydol rhwng 1910 a 1918. Roedd yn gefnogwr di-ildio i achos ymreolaeth i Gymru, ac aeth ati'n ddiwyd i gasglu tystiolaeth ystadegol gyda'r bwriad o gryfhau'r ddadl economaidd dros hunanlywodraeth. Yn 1914 cyflwynodd Fesur Ymreolaeth i Gymru yn Nhŷ'r Cyffredin ond prin iawn oedd y gefnogaeth.

Pan ddechreuodd Mai weithio iddo roedd E.T. John wedi newid ei liw gwleidyddol ac ymuno â'r Blaid Lafur ac fe safodd yn aflwyddiannus fel ymgeisydd Llafur yn Etholiadau Cyffredinol 1918 a 1922 mewn etholaethau yng Nghymru. Hefyd roedd yn Llywydd Undeb Cenedlaethol y Cymdeithasau Cymreig a'r Gymdeithas Heddwch.

Wrth i E.T. John ymladd etholiadau rhoddodd hyn gyfle i Mai gyfarwyddo'i hun â'r byd gwleidyddol yng Nghymru a dod i gysylltiad â gwleidyddion amlwg y cyfnod. Yr un pryd roedd sicrhau ymreolaeth i Gymru yn dal yn bwysig i E.T. John a bu Mai yn dyst i lawer o drin a thrafod ar egwyddorion cenedlaetholdeb a goblygiadau economaidd ymreolaeth a bu hyn yn brofiad gwerthfawr iawn iddi.

Fel na phetasai ganddo ddim digon ar ei blât yn barod, roedd E.T. John yn Llywydd Pwyllgor y Gyngres Geltaidd ac yn noddwr hael iddi. Fe syrthiodd llawer o'r gwaith o drefnu'r Gyngres mewn gwahanol fannau ar Mai, a golygai hyn gysylltu â rhai o brif arweinwyr y gwledydd Celtaidd. Yn Iwerddon, er enghraifft, fe gyfarfu â'r Dr. Douglas Hyde, sylfaenydd Conradh na Gaeilge (Cynghrair yr Wyddeleg) ac Arlywydd cyntaf Iwerddon yn 1938, ac Éamon de Valera, arweinydd gwleidyddol amlwg a dylanwadol yn Iwerddon. Gwnaeth lawer o ffrindiau yn y wlad honno ac ymwelai'n fynych â hi. Trwy'r profiadau hyn fe wyddai lawer am ymdrechion y Gwyddelod am ryddid ac am fudiadau cenedlaethol yr Alban.

Yng nghanol ei phrysurdeb yn Llundain byddai'n dychwelyd adref i Ebenezer at ei theulu, ac ar yr adegau hynny byddai hi a Priscie i'w gweld yn bresennol ym mhwyllgorau cynnar Byddin Ymreolaeth Cymru. Yn y cyfarfodydd hyn byddai Mai yn 'danbaid ei sêl ac yn ffyddiog yn nyddiau'r gwawd'.[1] Pan fyddai Mai gartref o Lundain byddai H.R. yn manteisio ar bob cyfle i fynd i'w gweld yn Glanrhydfadog. Roedd hi'n gefn mawr iddo a byddai'n troi ati'n aml am gyngor a chefnogaeth.

Yn dilyn sefydlu Plaid Genedlaethol Cymru yng Nghaernarfon ddiwedd 1924 fe aeth H.R. ati yn gynnar yn 1925 i osod seiliau cenedlaethol i'r blaid newydd. Fe geisiodd wneud hynny trwy gysylltu â chymaint o unigolion a chymdeithasau â phosibl o bob cwr o Gymru i'w darbwyllo i ymuno â'r blaid newydd. Tra oedd yn gwneud hyn awgrymodd Mai wrtho mai da o beth fyddai iddo gysylltu gyda Saunders Lewis, Llywydd y Mudiad Cymreig yn y De. Ni wyddai H.R. am ei fodolaeth gan mai mudiad cyfrinachol oedd ond roedd Mai yn gwybod amdano drwy ei chysylltiad ag Ambrose Bebb a oedd yn aelod amlwg o'r mudiad.

Roedd Mai wedi dod i adnabod Ambrose Bebb tra oedd hi'n gweithio i E.T. John a phan fyddent yn cyfarfod byddai'r ddau yn manteisio ar y cyfle i ddiweddaru ei gilydd am yr hyn yr oedd y naill fudiad a'r llall yn ei wneud.

> Mewn Cyngres Geltaidd yn Llydaw, cyn sefydlu Plaid Cymru, fe fu sgwrsio hir rhwng Mai a Mr. Ambrose Bebb – hi'n clywed ganddo ef am Ffrwd y De o genedlaetholwyr a gyfarfyddai yn nhŷ Mr. Griffith John Williams yng Ngwaelod y Garth, ac yntau'n cael gwybodaeth ganddi hithau am Ffrydiau'r Gogledd.[2]

Yn ogystal mi fyddai Mai yn galw i'w weld yn ei gartref ym Mangor ac yn rhannu'r newyddion diweddaraf ag ef ynglŷn â'r hyn oedd yn digwydd yn Llundain.[3]

Pan gysylltodd H.R. â Saunders ddechrau 1925 dyma oedd cychwyn y daith tuag at ddod â'r Mudiad Cymreig yn y De a'r Blaid Genedlaethol yn Sir Gaernarfon at ei gilydd ar gyfer ffurfio Plaid Genedlaethol Cymru ym mis Awst y flwyddyn honno. Yr un mor arwyddocaol oedd mai Mai, yn ôl H.R., oedd aelod cofrestredig cyntaf y Blaid newydd gan mai hi oedd y gyntaf i dalu'r tâl aelodaeth wedi'r cyfarfod hanesyddol hwnnw ym Mhwllheli.[4]

Yn ystod y flwyddyn ar ôl sefydlu'r Blaid Genedlaethol roedd Mai yn prysur ddod yn aelod amlwg iawn a dylanwadol o'r blaid newydd ac yn ystod wythnos Ysgol Haf gyntaf y Blaid ym Machynlleth ym mis Medi 1926 fe'i gwahoddwyd hi fel un o wyth yn aelod o Bwyllgor Gwaith y Blaid. Yn ystod yr wythnos honno sefydlwyd Cylch y Merched gan fod y merched yn teimlo bod llawer o bethau y gallent hwy eu gwneud yn annibynnol ar y dynion heb fynd dros ffiniau gwaith y Blaid ei hun. Etholwyd Kate Roberts yn Llywydd y Cylch a Mai Roberts yn Ysgrifenyddes a thrwy hyn daeth y ddwy yn aelodau o Bwyllgor Gwaith y Blaid ar gyfer cynrychioli'r merched. Mai a Dr. Kate Roberts oedd y ddwy ferch gyntaf ar y Pwyllgor hwnnw.[5]

Yr un pryd roedd Mai yr un mor amlwg yn hyrwyddo gwaith y Blaid Genedlaethol ymysg Cymry Llundain. Pan soniwyd bod symudiad ar droed i sefydlu cangen o'r Blaid yn Llundain gwahoddwyd Mai i annerch a thraethu ar bolisïau'r Blaid. Dyma'r cyfnod pan ddaeth Mai i gysylltiad â J.E. Jones (a ddaeth yn drefnydd llawn amser y Blaid Genedlaethol ar ôl marwolaeth H.R.) a bu'r ddau'n gyd-ysgrifenyddion i bwyllgor y Blaid yn Llundain.[6]

O gofio holl gyfrifoldebau'i swydd gyda E.T. John a'i hymrwymiad llwyr i waith y Blaid Genedlaethol yng Nghymru fe gafodd hyn effaith ar iechyd Mai a bu iddi benderfynu ddiwedd 1926 i ddychwelyd gartref am gyfnod o orffwys.[7]

Ni pharhaodd hynny yn hir iawn gan iddi dderbyn cais gan y Blaid Genedlaethol am ei chefnogaeth. Erbyn dechrau 1927 cynyddai'r pryderon am gyflwr iechyd H.R. ac effaith hynny ar ei waith fel Trefnydd y Blaid. Canlyniad hyn oedd i Saunders Lewis ac Ambrose Bebb ofyn am gymorth Mai pan nad oedd H.R. yn dda i gymryd peth o'i ddyletswyddau gan gynnwys holl ohebiaeth y Blaid a gweithredu fel Trefnydd y Gogledd ac i lawr i Aberystwyth.[8]

O fewn y flwyddyn gadawodd Mai ei swydd gyda E.T. John ar sail iechyd ond yn fuan ar ôl gwella dychwelodd i Loegr unwaith yn rhagor, y tro hwn i lenwi swydd ysgrifennydd i Syr H.J. Delves a Lady Broughton o Swydd Gaer a Llundain. Bu'n gweithio am ddeng mlynedd o gartref y ddau yn Doddington Hall, Nantwich. Pan oedd y Syr dramor yn ystod y gaeaf fe afaelai Mai ar y cyfle i drefnu Eisteddfod lwyddiannus Lewis's yn Lerpwl. Nid oedd hi yn un am aros yn llonydd. Yna ychydig flynyddoedd yn ddiweddarach fe'i penodwyd yn ysgrifennydd a threfnydd yr Young Women's Christian Association (Y.W.C.A.) dros Gymru gan weithio o swyddfa'r Gymdeithas ym Mangor. Roedd ffocws y Gymdeithas yma ar awdurdod, arweinyddiaeth a hawliau merched o bob oed.

Pan gyhoeddwyd bod Lewis Valentine i fod yr ymgeisydd cyntaf yn enw'r Blaid mewn Etholiad Cyffredinol ym mis Mai 1929 roedd enwau H.R. a Priscie ymysg eraill ar y papur enwebu. Yn yr etholiad hanesyddol hwn fe ddangosodd Mai ei gwerth o ran y profiad oedd ganddi.

Tra bod ymladd etholiad o'r fath yn brofiad cwbl newydd i aelodau'r blaid, nid felly i Mai gan iddi gynorthwyo E.T. John i ymladd Etholiadau Cyffredinol 1918 a 1922. Yn ôl Lewis Valentine roedd ei chefnogaeth iddo ef ac i'r blaid yn ystod yr etholiad yn amhrisiadwy.

> Ni ellir mesur yr elw a fu i'r Blaid gael llafur llwyr Mai gyda'i gallu a'r profiad a gafodd yng ngwasanaeth gwr fel E.T. John. Arni hi yr oeddem yn dibynnu am ddeunydd i'n hareithiau cyntaf, a hi oedd yn cribinio ffeithiau i ni ac 'ystadegau' (bendigedig air yn wir pryd hynny)... Pan oeddwn yn ymgeisydd cyntaf y Blaid yn Sir Gaernarfon pwysais yn drwm arni a'i theulu graslon, a byth ni allaf ddiolch digon am y gefnogaeth a gafwyd ganddi yn ystod yr ymgyrch hwnnw.[9]

Yn anffodus, ni fu rhedeg yr ymgyrch yn rhydd o drafferthion. Oherwydd camgymeriad gan H.R. bu rhaid i'r ffyddloniaid weithio drwy'r nos am fwy nag un noson i gyfeirio 47,000 o amlenni gan fod rhestr etholwyr anghywir wedi'i defnyddio y tro cyntaf. Ni weithiodd neb yn galetach na Mai ei hun yn ystod yr ymgyrch gan weithio oriau maith ddydd a nos – gymaint felly fel y bu iddi lewygu dan bwysau gwaith un noson.[10]

Ond ni fu i hyn amharu o gwbl ar ei brwdfrydedd ychydig flynyddoedd wedyn i ymgyrchu yn galed yn Sir Gaernarfon a'r cyffiniau dros Saunders Lewis oedd yn ymladd am sedd Prifysgol Cymru yn 1931 yn erbyn Ernest Evans, gan ennill bron i chwarter y pleidleisiau.

Er na wyddai hynny ar y pryd chwaraeodd Mai ran fechan yn y noson hanesyddol honno ar 7 Medi 1936 pan losgwyd yr ysgol fomio yn Llŷn. Ar ddechrau'r noson honno gofynnodd J.E. Jones, Trefnydd y Blaid iddi fynd i gadw cwmni i Nesta Roberts oedd yn byw gyda'i brawd O.M. Roberts, aelod amlwg o'r Blaid Genedlaethol, yn eu cartref yn Llanwnda. Ni wyddai Nesta pam fod Mai wedi galw i'w gweld ac ni wyddai Mai ychwaith pam yr oedd hi wedi cael cais i fynd i'r cartref. Fodd bynnag, tra oedd y ddwy yn sgwrsio'n braf o flaen y tân roedd J.E. Jones ac O.M. Roberts, y ddau yn chwarae'u rhan yn cynorthwyo Saunders, Valentine a D.J. yn y llofft yn chwilio am hen ddillad ac yn tynnu'r botymau a'r labeli oddi arnynt rhag ofn i rywun eu hadnabod. Roedd cael Mai yn gwmni i Nesta yn ffordd o dynnu sylw'r ddwy i ffwrdd o'r hyn oedd yn digwydd yn llofft y tŷ.[11]

Fel yn achos pob aelod o'r Blaid ac i lawer trwy Gymru benbaladr cafodd aberth a charchariad y tri – Saunders Lewis, Lewis Valentine a D.J. Williams – effaith fawr ar Mai. Ar ôl eu dedfrydu i naw mis o garchar yn Wormwood Scrubs nid oedd Mai am eu hanghofio. Yn rheolaidd bob mis byddai'n anfon bocseidiau o flodau iddynt a golygai hyn dipyn i'r tri.

Yn ystod ei garchariad cafodd Saunders y dasg o lanhau a chadw trefn ar y capel Pabyddol a chynorthwyo'r offeiriad Catholig o fewn muriau'r carchar. Mae'n debyg bod traddodiad yng ngharchar Wormwood Scrubs o dderbyn blodau i'r capel ac felly pan ddeuai blodau gan Mai ac eraill mi fyddai Saunders, yn ôl y sôn, yn cael pleser mawr o'u gosod ar yr allor ac o fewn y capel.[12]

Ar un achlysur roedd offeiriad y capel wedi anghofio dod â blodau i'w gosod ar yr allor ar gyfer dathlu Gŵyl Corff Crist. Cynigiodd y garddwr ddod â rhai ond nid oedd ganddo'r awdurdod i wneud hynny. Felly roedd yn edrych y byddai'n rhaid bod heb flodau. Ond hanner dydd y diwrnod hwnnw wrth i Saunders fynd i nôl goriadau oddi wrth giât y carchar ar gyfer agor y capel, beth a welai yno ond bocs o flodau yn arogli'n hyfryd a gweld mai Mai oedd wedi eu hanfon. Ni fedrai Saunders feddwl am anrheg fwy ysbrydoledig na hyn i gael mynediad i'r carchar ac roedd yn pitïo na fyddai Mai wedi gweld y blodau yn addurno'r allor.[13]

Yn rhyfedd iawn flynyddoedd yn ddiweddarach, ac yntau bron yn ei wythdegau erbyn hynny, fe wadodd Saunders ei fod wedi derbyn blodau gan Mai ac na fu blodau ar yr allor tra oedd ef yn Wormwood Scrubs. Ymateb oedd Saunders i deyrnged gan Cassie Davies i Mai ar ôl ei marwolaeth lle oedd Cassie yn sôn am y blodau yn cael eu hanfon i'r carchar gan Mai. Yn ôl Saunders os anfonodd Mai'r blodau y tebyg oedd bod swyddogion y carchar wedi eu cipio. Hefyd roedd yn gofyn pam nad oedd Mai wedi synnu na fu iddo erioed anfon gair o ddiolch iddi.[14]

O fewn chwe mis wedi'r Tân yn Llŷn penderfynodd Mai ym mis Mawrth 1937 ei bod am ymladd etholiad Cyngor Sir Gaernarfon yn ward Llanddeiniolen Uchaf fel ymgeisydd Plaid Genedlaethol Cymru. Yn ôl cynnwys ei thaflen etholiad roedd yn amlwg ei bod yn gobeithio elwa ar ddewrder y tri yn Llŷn a'r ymateb a fu i'w safiad a'u carchariad.

> Os yr etholir finnau cariaf ymlaen yn lleol yn yr un ysbryd ag y gweithredodd y Tri Chenedlaetholwr yn genedlaethol. Ni byddai angen aberth y gwŷr hyn pe bai aelodau o'r Blaid Genedlaethol ar y Cyngor Sir flwyddyn yn ôl.[15]

Trwy'r daflen i gyd daw Mai drosodd fel gwleidydd profiadol gyda gweledigaeth glir a phendant fyddai'n gweddu i Aelod Seneddol yn hytrach nag ymgeisydd mewn etholiad lleol.

> Fel Cenedlaetholwr defnyddiaf fy swydd, os etholir fi, i hyrwyddo y Cyngor Datblygu Diwydiannol Cymreig a allai fod yn Senedd Economaidd i Gymru; yn clirio slymiau ein gwlad, yn codi tai cymwys i weithwyr, yn gwella tir amaethyddol Cymru a throi y cors diroedd sâl yn gyfrwng gwaith i wŷr sydd yn segur yn groes i'w dymuniad eu hunain. Gallai Cyngor felly ofalu am farchnadoedd parod i'r diwydiant llechi a ddioddefodd yn fawr yn ystod y

> blynyddoedd diwethaf, a lle bu cyflogau a safon byw yn isel oherwydd diffyg trefniant marchnata cymwys.[16]

Afraid dweud na lwyddodd i ennill yr etholiad.

Yn ogystal â'i hymroddiad llwyr i'r Blaid Genedlaethol roedd Mai yn wraig egwyddorol iawn. Cafwyd prawf o hynny mewn gohebiaeth a anfonwyd ganddi ym mis Mai 1938 at Rowland Thomas (perchennog di-Gymraeg y papur wythnosol *Y Cymro*). Roedd *Y Cymro* wedi cynnig swydd iddi ond mewn llythyr diflewyn-ar-dafod dywedodd na allai ei derbyn oherwydd ei theyrngarwch i bolisïau Plaid Genedlaethol Cymru. Yn ei thyb hi nid oedd gan *Y Cymro* unrhyw fath o gydymdeimlad tuag at bolisïau'r Blaid ac fe gynhwysodd enghreifftiau o agwedd y papur gyda'r llythyr. Dywedodd na fyddai byth yn derbyn swydd fyddai'n golygu bradychu'i hegwyddorion mwyaf cysegredig.[17]

Roedd gweithio dros Gymru a'r Blaid yn bopeth i Mai a Priscie. Mi fyddai'r ddwy yn poeni'n gyson am y Blaid ac eisiau ei gweld yn llwyddo. Roedd y ddwy yn ddi-briod a'u hamser yn mynd tuag at weithio dros y Blaid. Yr un pryd roedd enwau amlycaf y Blaid yn gwerthfawrogi cyfraniad gwerthfawr y ddwy ac yn ymwelwyr cyson â'u cartref yn Glanrhydfadog.

Roedd Glanrhydfadog yn dŷ hardd, braf a chyfforddus gydag ychydig o dir yn perthyn iddo. Ymysg yr ymwelwyr oedd yn galw yno oedd Ambrose Bebb a'i deulu a Mai hithau yn galw yn eu cartref hwythau yn Llwydiarth, Bangor yn aml. Hefyd galwai Lewis Valentine a J.E. Jones (Trefnydd y Blaid) yno yn ogystal â Cassie Davies a Gwynfor Evans. Byddai pob un ohonynt yn eu tro yn dweud pa mor gynnes oedd y croeso bob amser ar aelwyd Glanrhydfadog. Meddai Lewis Valentine:

> Bu Glan Rhydfadog yn seintwar ac yn orffwysfa ac yn 'lle i enaid gael llonydd' i weithwyr y Blaid, a brwd oedd y croeso a chadarn y cyfeillgarwch...Rhyfedd o deulu.[18]

Un arall arhosodd lawer tro ar yr aelwyd oedd Leila Megane, y gantores enwog. Yn 1921 daeth i ganu mewn cyngerdd yng Nghapel Ebenezer, Deiniolen, a chael te a swper a newid i'w dillad swel yn Glanrhydfadog cyn mynd i'r cyngerdd. Roedd hi a Mai yn gyfeillion mawr a phan fyddai Leila Megane yn aros yn Llundain mi fyddai yn cysylltu gyda Mai. Ar adegau eraill byddai'n aros yng nghartref E.T. John a'i wraig.[19]

Roedd y teulu'n Eglwyswyr selog ac yn aelodau ffyddlon o Eglwys Crist Llandinorwig. Roedd yr Eglwys i fyny'r ffordd o'u cartref ac yn rheolaidd bob Sul byddent yn cerdded yno i addoli. Roedd eu taid, John Roberts, yn Eglwyswyr mawr gyda diddordeb mewn cerddoriaeth Eglwysig. Roedd yn gerddor a feddai ar chwaeth dda ac roedd yn gyfansoddwr gwych; fe gyfansoddodd nifer mawr o donau rhagorol megis 'Paradwys', 'Deffro F'enaid', 'Mewn Stormydd Di-ri', 'Buddugoliaeth' ac 'At Un a Wrendy Weddi'r Gwan'. Bu'n organydd a chôr-feistr yr Eglwys yn ogystal â bod yn arweinydd y gân yno am 34 mlynedd.

Mae'n anodd cysoni sut oedd teulu o Eglwyswyr triw yn gallu bod yn genedlaetholwyr pybyr yr un pryd. Byddai Priscie yn ceisio cyfiawnhau hyn trwy bwysleisio o hyd ac o hyd fod yr Eglwys yng Nghymru yn annibynnol ar Eglwys Lloegr. Ffaith ddiddorol arall oedd bod Priscie yn frenhinwraig fawr. Roedd ganddi feddwl y byd o'r Frenhines Elizabeth a bu iddi fynychu'r Arwisgiad yn 1969.

Roedd Mai yn wraig hardd iawn. Gwisgai'n urddasol bob amser ac roedd ganddi chwaeth arbennig. Byddai'n smocio'n drwm ac er anogaeth Priscie iddi roi heibio'r arfer, ofer oedd y cyfan. Sigaréts Craven A oedd ei ffefryn ac yn y cyfnod yma roedd gweld merched yn smocio wedi dod yn beth derbyniol. Roedd ganddi bersonoliaeth hyfryd, yn ddireidus iawn ac yn un ddrwg am dynnu coes. Roedd yn frwdfrydig iawn ac yn siarad yn dda bob amser. Meddai Cassie Davies amdani,

> Fe'i gwelaf hi nawr yn nyddiau bore'r Blaid, yn ferch dal luniaidd o doriad bonheddig ac osgo urddasol, yn gwisgo'n dda, weithiau'n feiddgar-ffasiynol. Yn ei hymyl hi, fe deimlwn i'n wladaidd iawn.[20]

Roedd Priscie ar y llaw arall yn ffurfiol iawn ac angen popeth yn ei le. Roedd ganddi wallt coch a cherddai yn fân ac yn fuan ar ei sodlau uchel. Yn wahanol i Mai, aros a gweithio'n bennaf yn ei milltir sgwâr a wnaeth Priscie gan gyfrannu'n helaeth i waith y Blaid Genedlaethol ar lefel leol a chenedlaethol.

Hi oedd ysgrifennydd cyntaf J.E. Jones pan benodwyd ef yn Drefnydd y Blaid a gweithiai o swyddfa'r Blaid yng Nghaernarfon. Fe arhosodd yn y swydd am dair blynedd. Roedd hi'n ysgrifenyddes hynod o effeithiol a gweithgar a bu ei medr arbennig a'i phrofiad mewn gwaith swyddfa yn gaffaeliad gwerthfawr iawn i'r Blaid. Ar ôl i'w chyfnod cyflogedig gyda'r Blaid ddod i ben roedd hi'n rhoi oriau maith o waith gwirfoddol mewn llawer dull a modd yn y swyddfa yng Nghaernarfon. Fe dreuliodd y rhan helaethaf o'i gyrfa yn gweithio mewn swydd weinyddol gyda Chyngor Sir Gaernarfon.

Mae'n rhyfeddol yr holl waith a wnaeth hi dros y blynyddoedd. Bu'n Drefnydd Merched Cylch Arfon o Blaid Cymru am gyfnod maith o ddeugain mlynedd. Roedd hi i'w gweld yn gyson mewn ysgolion haf, cynadleddau a phwyllgorau a phob amser yn dod o hyd i gyfle i gynorthwyo mewn rhyw ffordd neu'i gilydd. Daeth yn arweinydd yng ngweithgareddau Merched y Blaid a gwasanaethu am gyfnod ar Bwyllgor Ariannol y Blaid. Pan sefydlwyd Adran Merched y Blaid ar raddfa genedlaethol roedd hi'n weithgar iawn yn hyrwyddo gwaith yr adran. Ar lefel leol bu'n amlwg gyda Sefydliad y Merched, Deiniolen a'r Cylch, ac yn ogystal â bod yn aelod ffyddlon o Eglwys Llandinorwig, bu'n ysgrifennydd y Cyngor Plwyfol Eglwysig.

Ar lefel genedlaethol bu hi a'i chwaer yn gynrychiolwyr Cymru ar y Gyngres Geltaidd. Amcanion cyffredinol y Gyngres oedd hyrwyddo diwylliant, delfrydau ac ieithoedd y Celtiaid a magu cysylltiadau deallus a chydweithrediad rhwng y gwledydd Celtaidd.

Yn ôl un aelod o'r teulu mae lle i gredu bod gan Priscie ran ym mhenderfyniad y Blaid i ddewis gwyrdd fel lliw swyddogol y Blaid. Mae faint o goel y gellir ei roi ar y stori yn fater arall. Y gred yw bod tipyn o drin a thrafod wedi bod ar y mater a bod pob ymgais i gytuno ar liw wedi bod yn aflwyddiannus. Y dewis naturiol fyddai lliw melyn, sef lliw'r Cennin Pedr, ond dyna oedd lliw'r Blaid Ryddfrydol. Pwy gerddodd i mewn yn hwyr i'r cyfarfod ond Priscie ac wrth iddi eistedd i law yn ei chadair fe sylwodd pawb ei bod yn gwisgo siwt werdd. O weld hyn penderfynwyd mai gwyrdd fyddai lliw y Blaid newydd. Y fersiwn swyddogol yw mai yn ystod Ysgol Haf y Blaid yn Llandeilo ym mis Awst 1928 y gwnaed y penderfyniad ar y lliw.[21]

Roedd marwolaeth Idwal y brawd yn 53 oed yn 1955 yn ergyd fawr i'r teulu ac fe deimlodd Mai ei golli yn fawr. Fe ddilynodd grefft ei dad a mynd i Chwarel Dinorwig i weithio a'r gred yw iddo ddioddef o silicosis, cyflwr oedd mor gyffredin ymysg chwarelwyr. Pan oedd o'n wael fe adawodd Mai ei gwaith er mwyn gofalu amdano. Cynhaliwyd ei angladd ar 22 Medi 1955 yn Eglwys Crist, Llandinorwig.

Roedd Idwal a H.R. yn ffrindiau ac er nad oedd Idwal fel ei ddwy chwaer yn amlwg ei gefnogaeth yn gyhoeddus i'r Blaid, fe fyddai'n dreifio H.R. i'r gwahanol gyfarfodydd mewn neuaddau pentref o gwmpas yr ardal a'r ddau yn dod adref yn hwyr yn aml ac wedi ymlâdd yn llwyr ar ôl yr holl deithio.

Wrth dristáu o glywed am farwolaeth Idwal fe rannodd D.J. Williams atgof hoffus iawn amdano. Y Dydd Sul cyntaf ddechrau wythnos Eisteddfod Genedlaethol Caernarfon

1935 oedd hi a D.J. yn cofio Idwal, y bachgen hoffus fel ag ydoedd, yn mynd â D.J., Siân ei wraig, Gwenith (nith Idwal) a Cassie Davies am daith yn ei gar o gwmpas Ynys Môn. 'Trip,' meddai D.J. 'nad anghofiaf byth mohono gan mor hyfryd y cwmni a newydd-deb rhyfeddol y golygfeydd i ni i gyd – ond i'r gyrrwr caredig a wyddai am bob cilfach a glan yno.' [22]

Yn ystod ei blynyddoedd olaf cafodd Mai gystudd hir, yn dioddef o broblemau cof ac ar 5 Awst 1971 a hithau'n 72 oed bu farw yn Ysbyty Conwy. Fe gynhaliwyd yr angladd yn Eglwys Crist, Llandinorwig ar 7 Awst ac fe'i claddwyd yn yr un bedd ag Idwal ei brawd ym mynwent yr Eglwys.

Yn dilyn ei marwolaeth cafwyd llu o deyrngedau iddi gyda nifer ohonynt yn cofio am ei hymdrechion dewr yn wyneb heriau a gwawd gan lawer yn nyddiau cynnar sefydlu'r Blaid Genedlaethol. Ac mae'n werth cofio pa mor anodd oedd gweithio dros y Blaid yn y dyddiau cynnar. Mewn rhai o ardaloedd chwarelyddol Arfon lle'r oedd cefnogaeth gref i Ryddfrydiaeth ac yn ddiweddarach i'r Blaid Lafur awgrymir bod atgasedd didrugaredd tuag at unrhyw un oedd yn dangos cefnogaeth i'r Blaid Genedlaethol. Roedd cymaint o chwerwder fel bod unigolion yn cael eu gwatwar yn aml am ddangos ymrwymiad i'r 'Blaid Bach'. Yn ôl y sôn roedd cefnogwyr y Blaid yn gorfod mynd allan pan oedd hi'n dywyll i ddosbarthu taflenni rhag iddynt gael eu gweld a'u herlid. Hefyd roedd sôn bod rhai pobl yn fwriadol yn peidio ag eistedd gydag Eleanor Jones, chwaer H.R., ar y bws yn lleol oherwydd gwleidyddiaeth ei brawd.

Roedd Kate Roberts yn Eisteddfod Genedlaethol Bangor 1971 ar y dydd Iau pan soniodd Cassie Davies wrthi pa mor wael oedd Mai ond erbyn iddi fynd i babell *Y Ddraig Goch* ar y Maes deallodd ei bod wedi marw. Er nad oedd y ddwy yn arbennig o agos, daeth y newydd trist yma â llu o atgofion iddi am ddyddiau cynnar y Blaid yn yr ugeiniau pryd y byddai hi a Mai yn teithio i Aberystwyth i bwyllgora.

Teimlai fod Mai wedi gwneud 'diwrnod da iawn o waith yn enwedig yn y dyddiau cynnar pan oedd hi'n anodd iawn gweithio dros Gymru'.[23]

Roedd Mai yn ferch wir grefyddol ac yn Gristion, ac oherwydd hyn nid oedd ofn marwolaeth arni gan ei bod yn gwir gredu yn yr Atgyfodiad ac yn selog iawn ar hyd y blynyddoedd yng ngwasanaeth y Cymun. Soniodd unwaith wrth Priscie fel roedd hi wedi clywed y Canon Glyndwr Williams, cyn-ficer Eglwys Llandinorwig, yn traddodi pregeth yn Llanidloes ar yr Atgyfodiad, ac ar y ffordd adref bu iddi ofyn iddo draddodi'r un bregeth i'w theulu wedi iddi farw. Fe gafodd hi ei dymuniad.[24]

Un o edmygwr pennaf Mai oedd Lewis Valentine a bu yntau'n hael iawn wrth dalu teyrnged iddi.

> Ychydig sy'n cofio bellach yr ymlafnio a'r ymboeni a wnaeth yn nyddiau cynnar y Blaid, ac yn ei dull dengar yr oedd yn dwyn perswâd arnom i ddal ati pan oeddym yn digalonni ac yn llaesu dwylo, ac yr oedd hi'n oleuni ac yn llawenydd ymhob pwyllgor a chynhadledd. A dyna ddawn oedd ganddi i nithio'r gwir a'r gau, a droeon fe'n harbedodd rhag caff gwag pan oedd y 'doethion' yn rhoi drwg gyngor i ni.[25]

Yn ei deyrnged yntau i Mai disgrifiodd Gwynfor Evans hi fel un o ferched blaenaf Cymru ac yn un o genedlaetholwyr mwyaf nodedig ei chenhedlaeth. Iddo ef roedd Mai yn 'genedlaetholwraig cyn bod Plaid Cymru'.[26] O ran Gwilym R. Jones nid oedd modd sôn 'am ddyddiau arloesi'r mudiad cenedlaethol heb gyfeirio at Mai'.[27]

Roedd colli Mai yn golled fawr i Priscie gan fod y ddwy mor agos ac yn ffrindiau mawr. Yna yn 1990 a hithau'n 89 oed bu farw Priscie yng nghartref nyrsio Cerrig yr Afon yn y Felinheli. Fe'i claddwyd ar 12 Mai 1990.

10

Yr Uniad Hanesyddol ym Mhwllheli

FE AETH H.R. ati fel cath i gythraul ar ddechrau Ionawr 1925 i gychwyn ar y dasg o weithredu dros y Blaid Genedlaethol newydd a oedd wedi'i sefydlu yn Rhagfyr 1924. Nid oedd yn un am laesu dwylo. Un o'i flaenoriaethau cyntaf oedd ceisio ehangu apêl y blaid newydd oedd wedi ei chanoli yn Sir Gaernarfon er mwyn denu cefnogaeth Cymry gwladgarol o bob rhan o Gymru i ymuno â hi. Roedd hyn yn allweddol er mwyn dangos bod aelodaeth y blaid yn wirioneddol 'genedlaethol'.

Yn ddiarwybod i H.R. ar y pryd roedd mudiad arall yn dwyn yr enw y Mudiad Cymreig yn bodoli yn ne Cymru. Er bod y mudiad hwn wedi ei sefydlu flwyddyn yn gynharach dymuniad yr aelodau oedd aros yn gyfrinachol. Roedd hyn yn wahanol i agwedd H.R. a oedd yn trefnu a chynnal ei gyfarfodydd a rhannu ei syniadau i gyd yn gyhoeddus.

Y tri gwreiddiol tu ôl i'r mudiad yma yn y De oedd Ambrose Bebb, G.J. Williams a Saunders Lewis. Roeddent wedi treulio penwythnos gyda'i gilydd yng nghartref G.J. Williams ym Mhenarth ar ddechrau Ionawr 1924 ac wedi dod i'r casgliad bod yn rhaid gweithio'n wleidyddol cyn rhyddhau Cymru. Bu iddynt gytuno bod yn rhaid wrth gylchgrawn neu bapur, ac os yn bosibl y ddau, ac fel coron ar y cyfan y byddai'n rhaid wrth blaid i weithredu'r weledigaeth ac y byddai angen cronfa ariannol i gefnogi'r gwaith. O ran y blaid ei hun cytunwyd mai'r tri ohonyn nhw fyddai sefydlwyr a chraidd y blaid newydd. Yr un pryd fe benderfynon nhw ymysg ei gilydd mai Ambrose Bebb fyddai'n llenwi swydd y Cadeirydd, Saunders Lewis yn Ysgrifennydd a G.J. Williams yn Drysorydd. I'r tri dyma oedd dechrau'r Blaid Genedlaethol Gymreig ac annibyniaeth Cymru. Nid oeddent am weld dim byd llai na sicrhau annibyniaeth i Gymru.[1]

Yr un pryd nid oedd y tri yn barod i fynd yn gyhoeddus gyda'u penderfyniad y penwythnos hwnnw. Roeddent yn teimlo bod yn rhaid iddynt fod yn ofalus iawn ac ennill eraill atynt yn raddol. Byddai'n rhaid i aelodau newydd ufuddhau yn llwyr i'r tri a thyngu llw iddynt cyn ymaelodi. Yn ogystal roeddent am gadw eu henwau a'u hamcanion yn gudd a sicrhau eu bod wrth ddenu aelodau yn weddol sicr ohonynt cyn sôn dim wrthynt. Nid oeddent yn teimlo ychwaith y byddai'n ddoeth i ysgrifennu at unrhyw ddarpar aelod o'u dewis. Yn hytrach roeddent yn awyddus i weld a chael sgwrs gyda phawb yn unigol er mwyn gweld a oeddent yn gymwys ai peidio. Doedd dim ots faint o amser fyddai hyn yn ei gymryd, cael y bobl iawn oedd yr ystyriaeth bwysicaf. Roedd y tri o'r farn fod y cyfarfod a'r penderfyniadau a wnaed yn ystod y penwythnos hwnnw 'y cam pwysicaf yn hanes Cymru ers dyddiau Glyndŵr'.[2]

Er nad oedd H.R. yn ymwybodol o'u bodolaeth nid felly Mai Roberts. Daeth hi i wybod amdanynt ar ôl mynychu y Gyngres Geltaidd yn ninas Kemper yn Llydaw ym mis Medi 1924 a chyfarfod Ambrose Bebb yno am y tro cyntaf. Roedd hi wedi casglu bod Bebb yn genedlaetholwr ar ôl darllen ei erthyglau yn y *Faner, Y Darian* ac yn *Y Genhinen*. Wrth iddo ef ei holi hi am yr hyn oedd yn digwydd yng Nghymru bu iddi hi sôn wrtho am y mudiad yn y gogledd.

H.R. Jones

Capel Ebenezer heddiw
(Llun: Richard Jones)

Safle 'Queen's Cafe'
Caernarfon
(Llun: Richard Jones)

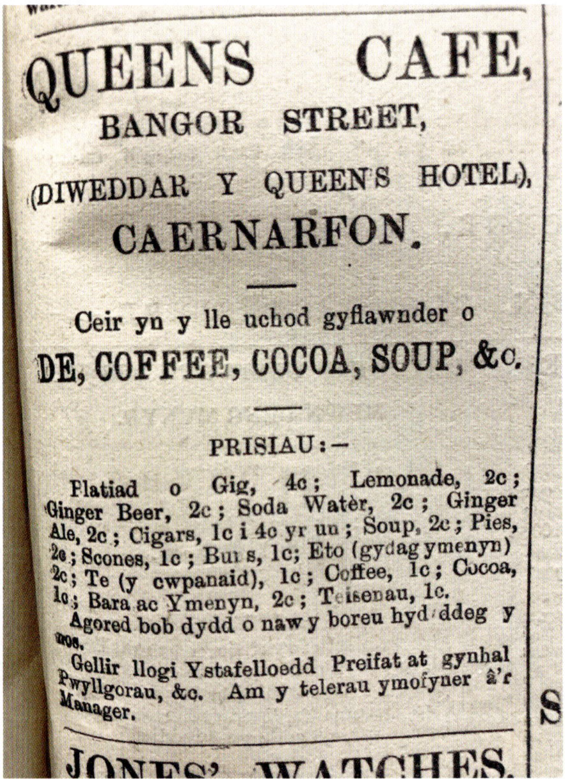

QUEENS CAFE,
BANGOR STREET,
(DIWEDDAR Y QUEEN'S HOTEL),
CAERNARFON.

Ceir yn y lle uchod gyflawnder o
DE, COFFEE, COCOA, SOUP, &c.

PRISIAU:—

Platiad o Gig, 4c; Lemonade, 2c; Ginger Beer, 2c; Soda Water, 2c; Ginger Ale, 2c; Cigars, 1c i 4c yr un; Soup, 2c; Pies, 2c; Scones, 1c; Buns, 1c; Eto (gydag ymenyn) 2c; Te (y cwpanaid), 1c; Coffee, 1c; Cocoa, 1c; Bara ac Ymenyn, 2c; Teisenau, 1c.

Agored bob dydd o naw y boreu hyd ddeg y nos.

Gellir llogi Ystafelloedd Preifat at gynhal Pwyllgorau, &c. Am y telerau ymofyner â'r Manager.

JONES' WATCHES.

Hysbyseb 'Queen's Cafe', Caernarfon
(*Y Genedl Gymreig*, Mehefin 1889)

Evan Alwyn Owen

(*Y Ddraig Goch*, Rhagfyr 1933)

Siop teulu Evan Alwyn Owen yn Rhyd-ddu

Bedd Evan Alwyn Owen a'i dad Owen E. Owen ym mynwent y plwyf Beddgelert

(Llun: Glyn Tomos)

Mai Roberts
(Llun: Ieuan Roberts)

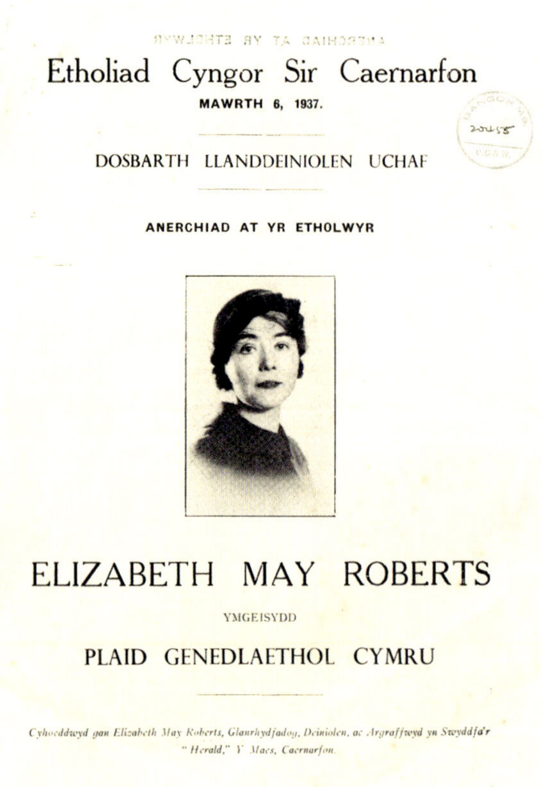

Etholiad Cyngor Sir Caernarfon
MAWRTH 6, 1937.

DOSBARTH LLANDDEINIOLEN UCHAF

ANERCHIAD AT YR ETHOLWYR

ELIZABETH MAY ROBERTS

YMGEISYDD

PLAID GENEDLAETHOL CYMRU

Cyhoeddwyd gan Elizabeth May Roberts, Glanrhydfadog, Deiniolen, ac Argraffwyd yn Swyddfa'r "Herald," Y Maes, Caernarfon.

Taflen etholiadol Mai Roberts
(Llun: Archifau a Chasgliadau Arbennig Prifysgol Bangor)

Aelodau o'r teulu o flaen Glanrhydfadog tua 1930
(Llun: Rob Efans)

Priscie, Maggie Llundain, Mai, Mrs Williams, Lerpwl gydag Idwal wrth y llyw
(Llun: Ieuan Roberts)

Priscie Roberts

(Llun: Ieuan Roberts)

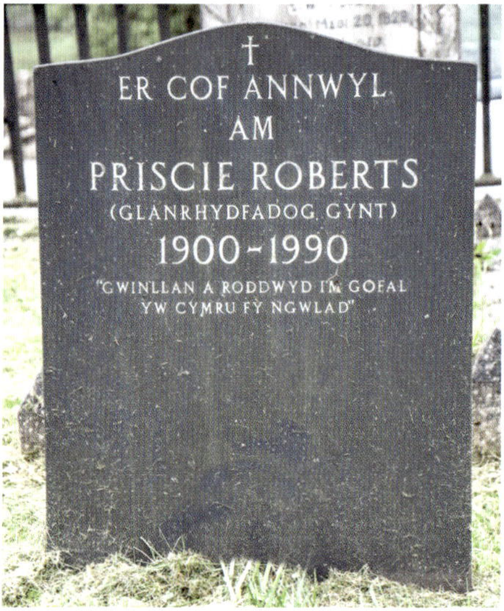

Carreg fedd Priscie Roberts

(Llun: Richard Jones)

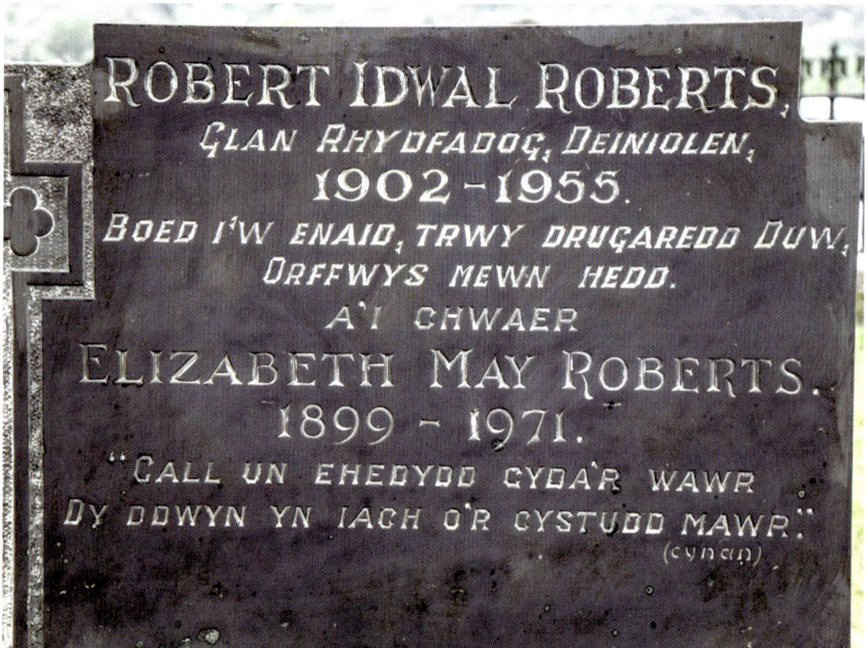

Carreg fedd Idwal Roberts a Mai Roberts

(Llun: Richard Jones)

Ysgol Haf y Blaid, Llangollen 1927
(Llun: Llyfrgell Genedlaethol Cymru)

Llechfaen o flaen 8 Tai Gweledfa, Deiniolen
(Llun: Richard Jones)

Bedd teulu H.R. Jones a phlac gan Blaid Cymru

(Llun: Glyn Tomos)

Disgyblion Ysgol Gwaun Gynfi, Deiniolen, y ddiweddar Annette Bryn Parri a Tony Elliott wrth fedd teulu H.R. Jones ym mynwent Eglwys Crist Llandinorwig – Mehefin 2023

(Llun: Ysgol Gwaun Gynfi)

Dywedodd mai dyma oedd y newydd gorau iddo ei glywed o Gymru ers tro.

> Yna mentrodd yntau ddweud wrthyf yn gyfrinachol (nid ydwyf yn cofio y bu i mi fynd ar fy llw) na soniwn wrth neb amdano p'run bynnag ar ôl fy holi a croes holi, mentrodd fy ngwahodd i ymaelodi a'r Mudiad Cudd.[3]

Dywedodd y byddai'n rhaid i aelod arall o'r Mudiad ddod i'w gweld er mwyn gwneud yn siwr ei bod yn ddigon diogel i ymuno â Mudiad mor bwysig. Ymhen ychydig amser bu iddi dderbyn llythyr gan Saunders Lewis yn ei gwahodd i ginio ag ef yn Llundain.

> Gwyddwn wrth gwrs beth oedd y pwrpas. Derbyniais y gwahoddiad yn llawen i giniawa ag ef ac yna ar ôl fy holi mewn ffordd bonheddig a gofalus dwedodd y byddai yn falch iawn o'n cymeradwyo i aelodau eraill o'r mudiad fel y gallent ymddiried ynddi. O ie soniais wrtho am y mudiad yn y gogledd a chymerodd ddiddordeb mawr yn y newydd.[4]

Ymhen ychydig ar ôl y cyfarfod gyda Sanders Lewis fe ddychwelodd Mai i'w chartref yn Neiniolen am ychydig seibiant ac i geisio anghofio pob dim am Gymru a'i phroblemau. Ond ni ddaru hynny barhau yn hir iawn cyn bod H.R. yn galw i'w gweld. Roedd H.R. yn ymwelydd cyson â Glanrhydfadog a bob amser yn cael croeso mawr yno.

> Roedd ganddo adroddiad gwych am gyfarfodydd a gynhaliwyd yn rhywle neu'i gilydd – y mudiad yn tyfu yn aruthrol – pobl yn ymuno wrth y cannoedd. Nid dweud anwiredd oedd H.R. – roedd yn byw yn y dyfodol – yn breuddwydio gweld y miloedd o Gymry yn genedlaetholwyr.
>
> Ar ôl mesur a phwyso beth i'w wneud mentrais ddweud wrtho bod yna rai yn y de a rhannau eraill o Gymru oedd

> yn genedlaetholwyr da – mae'n debyg meddais, eich bod yn darllen y Faner, Darian a newyddiaduron eraill y mae dynion fel Bebb, S. Lewis, D.J. Williams ac eraill yn sgrifennu iddynt.
>
> Wel beth am ofyn i un ohonynt ddod i'r cyfarfod eich mudiad... Beth am ofyn i S. Lewis – credaf bod ganddo gysylltiadau teuluol yn y Gogledd ac efallai y buasai yn derbyn.[5]

Dywedodd hi wrtho na allai mudiad oedd wedi ei ffurfio yng Nghaernarfon ffurfio Plaid a'i galw yn Blaid Cymru heb gael cenedlaetholwyr o'r de i mewn. Cytunodd H.R. â hyn. Fel y daw yn amlwg roedd arwyddocâd mawr iawn i'r sgwrs yma rhwng y ddau ar aelwyd Glanrhydfadog.

Pan ddeallwyd am fodolaeth y Mudiad Cymreig gofynnodd Pwyllgor y Blaid Genedlaethol i H.R. ohebu â Saunders Lewis ar eu rhan. Ar 26 Chwefror 1925 anfonodd H.R. lythyr at Saunders yn ei wahodd nid yn unig i ddod yn aelod ond hefyd yn Is-Lywydd y Blaid Genedlaethol. Yn anffodus nid yw'r llythyr gwreiddiol wedi goroesi ond dyma oedd atgof Saunders am yr adeg pan dderbyniodd y llythyr am y tro cyntaf:

> Chwefror 26, 1925 y gwelais ei lawysgrif gyntaf erioed, mewn llythyr a'm gwahoddai i ymuno â Phlaid Genedlaethol Cymru. 'Mae gobaith am iachawdwriaeth Cymru yn ein calonnau', meddai ef y tro hwnnw.[6]

Erbyn dechrau mis Mawrth daeth ateb Saunders Lewis trwy ddrws cartref H.R., llythyr arwyddocaol iawn yn hanes y mudiad Cenedlaethol yng Nghymru. Roedd Saunders Lewis wedi ysgrifennu ei lythyr at H.R. ar 1 Mawrth.[7]

Mae ateb Saunders Lewis yn un hynod gelfydd ac yn gosod allan ei stondin yn glir wrth ymateb i'r gwahoddiad. Nid derbyn gwahoddiad yn ddiamod sydd yma. Yn hytrach mae'n grefftus iawn yn y modd y mae'n cychwyn drwy gydnabod pwysigrwydd y llythyr tra fo yn yr un frawddeg yn nodi ei bod yn 'ddyled arnaf i ymuno â'ch mudiad os gallaf heb ymwadu â'm hegwyddorion'. Tra oedd yn cydnabod bod llwyddiant Cymru yn gofyn am undeb mae 'gofyn hefyd bod amodau yr undeb hwnnw yn rhai diogel ac yn sylfaen y gellir adeiladu'n gadarn arni'. Yr egwyddorion oedd ganddo dan sylw oedd 'gorfodi'r Gymraeg' a 'torri cysylltiad â phob plaid wleidyddol'. Dywed pe byddai'r Blaid Genedlaethol yn derbyn yr egwyddorion hyn yn llwyr mi fyddai yn ymuno yn syth ac 'mi gymeraf unrhyw gyfrifoldeb a fynnoch hefyd'.

Yr un pryd roedd am sicrhau y byddai holl aelodau'r blaid yn cadw egwyddorion y blaid ac fel man cychwyn hoffai weld 'yn gyntaf gymryd llw o ufudd-dod gan holl aelodau'r blaid i'r pwyllgor gweithio'. Mae'n honni nad oes gwybodaeth lawn ganddo am y blaid, pwy yw aelodau'r pwyllgor ac nad yw ychwaith wedi gweld rhaglen bolisi'r blaid. Wrth ofyn am gael gweld y polisi dywed ei fod yn barod i weithio gyda neu o dan unrhyw un sydd yn ymrwymo i gadw'r ddwy egwyddor sydd ganddo dan sylw.

Mae'n anodd peidio meddwl wrth ddarllen ei lythyr na wyddai Saunders fawr ddim am hanes y Blaid Genedlaethol cyn hyn. Mae'r gofynion sydd ganddo fel petaent yn dangos ffaeleddau'r blaid hyd at hynny a'i fod drwy hynny yn ceisio gosod model y Mudiad Cymreig o weithredu ar y blaid.

Mae'n amlwg bod Saunders wedi disgwyl ateb prydlon gan H.R. ond gan na ddigwyddodd hynny anfonodd Saunders lythyr arall ato bythefnos ar ôl ei lythyr cyntaf yn dweud ei fod yn disgwyl o hyd am beth oedd ymateb y pwyllgor i'r amodau a gynigiodd cyn y gallai ddod yn aelod o'r mudiad. Yr un pryd roedd yn dweud nad ei fwriad oedd gwasgu ar y pwyllgor i dderbyn yr amodau ond byddai'n hoffi cael gwybod ganddynt gan mai H.R. oedd wedi sgwennu ato ef yn y lle cyntaf. Roedd Saunders fel ci ag asgwrn yn benderfynol fod y blaid yn derbyn ei amodau cyn gynted â phosib.[8]

Cyn ateb ail lythyr Saunders roedd H.R. wedi ei enwi fel un o Is-Lywyddion y blaid yn y wasg Gymraeg ac ar ffurflen aelodaeth gyntaf y Blaid Genedlaethol. O ddod i wybod am hyn nid oedd Saunders yn hapus o gwbl ac roedd yn mynnu eglurhad.[9]

Ond buan iawn yr anghofiodd Saunders am hynny oherwydd yn y cyfamser derbyniodd ateb gan H.R. yn adrodd bod ei gynigion wedi eu derbyn yn llawn gan y Blaid Genedlaethol. Fel y gellid disgwyl roedd hyn yn destun balchder mawr i Saunders a'i gyd-aelodau yn y Mudiad Cymreig dirgel. Roeddent wedi rhyfeddu bod y cyfle annisgwyl hwn wedi dod i weithredu o'r tu mewn i'r blaid newydd a bod eu hegwyddorion wedi eu derbyn. 'Fel y gwelwch,' meddai Saunders wrth ei gyd-swyddogion yn y Mudiad Cymreig, 'heb yn wybod iddynt, maent i gyd yn aelodau o'n mudiad ni.'[10]

Wedi cytuno i dderbyn amodau Saunders Lewis ymddengys mai penderfyniad y Blaid Genedlaethol oedd cynnal cyfarfod o'r ddau fudiad yn ystod wythnos yr Eisteddfod Genedlaethol ym mis Awst ym Mhwllheli.[11]

Yn y cyfamser roedd Saunders Lewis yn gwneud defnydd llawn o'i aelodaeth a'i statws fel un o Is-Lywyddion y Blaid Genedlaethol trwy siarad yn gyhoeddus am raglen y Blaid Genedlaethol tra oedd yn cadw bodolaeth y Mudiad Cymreig yn gyfrinachol. Yr un pryd roedd yn galw am i'w gyd-Gymry gyfrannu'n ariannol at waith y Blaid Genedlaethol er mwyn ariannu etholiadau sir, tref a dosbarth, ac i 'ddwyn rhagddo bropaganda dros wareiddiad Cymreig drwy Gymru gyfan'.[12]

Yr un pryd roedd H.R. fel propagandydd o'r iawn ryw wrthi'n ddiwyd yn adrodd bod y Blaid Genedlaethol yn ennill tir ac yn gweithio'n ddygn ac yn ddistaw. Hefyd bod amryw o ganghennau wedi eu ffurfio yn y gogledd yn barod ac y disgwylid sefydlu canghennau yn Aberystwyth ac i lawr yn y de mewn dim o amser. 'Digon amlwg,' meddai H.R. 'yw nad yw'r pleidiau eraill am wneuthur dim at gadw Cymru'n Gymreig, ac nid oes am hynny ddim amdani ond y Blaid Genedlaethol Gymreig.'[13]

Fel oedd y misoedd yn mynd rhagddynt roedd cryn edrych ymlaen at y cyfarfod ym mis Awst ymysg rhengoedd y Blaid Genedlaethol a'r Mudiad Cymreig. Mewn cerdyn post ar ddechrau Mai at H.R. soniodd Valentine ei fod wedi dod ar draws rhai o gyfeillion Saunders Lewis pan oedd i lawr yn y de a'u bod wedi dweud wrtho eu bod yn 'disgwyl wrthym'. Yr un pryd dywedodd Valentine ei fod yn 'rhoi pwys mawr ar yr hyn a ddigwydd ym Mhwllheli. Fe fydd awdurdod cenedl wedyn tu ôl i bopeth a wnawn,' meddai.[14]

Yr un oedd agwedd Valentine yn ei adroddiadau yn y wasg. Roedd yn pwysleisio nad oedd pwyllgor na swyddogion wedi'u hethol eto ar lefel genedlaethol ond bod disgwyl i hynny ddigwydd rhwng y symudiad yn y gogledd ac yn y de yn ystod wythnos yr Eisteddfod Genedlaethol ym Mhwllheli. Ar ôl hynny, meddai, y gellid dweud bod gan y Blaid swyddogion cenedlaethol. Yr un pryd roedd yn pwysleisio nad yr hen Blaid Ryddfrydol mewn gwedd arall oedd y blaid newydd ac nad oedd unrhyw gyswllt rhyngddi a'r hen bleidiau.[15]

Mae'n edrych erbyn hyn bod cysylltiadau lled aml rhwng swyddogion y ddau fudiad er nad oeddent wedi ymuno â'i gilydd yn ffurfiol. Wrth barhau i geisio dylanwadu ar ennill aelodau newydd i'r rhengoedd anfonodd H.R. ohebiaeth at Ambrose Bebb yn ei wahodd i ymuno a dod yn aelod o bwyllgor y Blaid Genedlaethol. Atebodd Bebb yr hoffai gael sgwrs gydag aelod o'r pwyllgor, ac os yn bosib, Lewis Valentine ei hun cyn dod i benderfyniad. Cyfarfu'r ddau ac yn ôl Bebb roedd y ddau o'r cychwyn cyntaf yn gwbl gytûn ar y pwnc cenedlaethol a'i bod yn adeg i'r ddau fudiad ymuno i ffurfio Plaid Genedlaethol Cymru. Ychydig wythnosau wedyn roedd Bebb yn mynychu ei gyfarfod cyntaf fel aelod o bwyllgor y Blaid Genedlaethol yng Nghaernarfon.[16]

Er bod y cyfarfod hanesyddol ym Mhwllheli ar y gorwel ymddengys nad oedd pall ar frwdfrydedd H.R. i wneud penderfyniadau er mwyn symud agenda'r Blaid Genedlaethol yn ei blaen. Ar un adeg gorfu i Lewis Valentine geisio'i berswadio i 'beidio ceisio brasgamu, a ninnau heb ddechrau cerdded yn iawn. Y mae llawer o'r pethau a roddwch fel penderfyniadau yn anamserol. NID YW'R BLAID ETO, YN WIR YSTYR Y GAIR, WEDI EI FFURFIO, A RHAID AROS TAN HYNNY CYN Y GALLWN YSTYRIED LLAWER O'R PETHAU A NODWCH. Propaganda trylwyr, ac addysgu'r bobl am y camwri a wneir â Chymru piau hi yn y pen draw. Y mae'n rhy gynnar i ni gynhyrchu'r pamphledi y soniwch amdanynt. ...Wedi cyfarfod Pwllheli y mae'n rhaid i ni adrefnu Pwyllgor i'r Sir hon.'[17]

O fewn ychydig wythnosau, brynhawn dydd Mercher, 5 Awst fe ddigwyddodd yr uniad hanesyddol yng Ngwesty Temperance Maes-gwyn, Pwllheli yn ystod wythnos yr Eisteddfod Genedlaethol yn y dref. Yn ôl Lewis Valentine roedd cryn drafferth wedi bod i gael lle i gynnal y cyfarfod ond 'cafwyd lle mewn caffi trystiog, lle 'roedd yna fynd a dyfod ar y Maes'. [18]

Cyfarfod bach, preifat a di-fflach oedd hwn i griw dethol o bobl. Roedd disgwyl i saith fod yn bresennol ond ni chyrhaeddodd trên D.J. Williams nes bod y cyfarfod drosodd a sylw Saunders Lewis wrtho ar orsaf Pwllheli oedd, 'Y mae'r peth wedi ei gychwyn.'

Nid D.J. Williams oedd yr unig un i beidio â chyrraedd mewn pryd i'r cyfarfod yn y bore ym Mhwllheli. Dyna oedd profiad Mai Roberts hefyd.

> Methais a chyrraedd Pwllheli erbyn cyfarfod y boreu oherwydd imi fethu gadael Iwerddon cyn y nos ond fe

> aethum i'r ail gyfarfod. Erbyn hyn roeddwn wedi clywed gan H.R. a S.L. bod y Blaid Genedlaethol wedi ei sefydlu. Os oedd hwn yn ddiwrnod mawr yn hanes Cymru i rhywun – mi roedd i H.R. Roedd yn wen o glust i glust ac yn brysur chwilio am aelodau ar faes yr Eisteddfod.[19]

Pe byddai wedi cyrraedd mewn pryd mi fyddai llyfrau hanes yn cofnodi bod y criw bychan a sefydlodd y blaid y cynnwys merch a bod cyfraniad merched yn allweddol yn ystod y dyddiau cynnar.

Yr un mor arwyddocaol oedd mai hi yn ôl H.R. oedd aelod cofrestredig cyntaf y Blaid newydd gan mai hi oedd y gyntaf i dalu'r tâl aelodaeth ar ôl y cyfarfod y bore hwnnw.[20]

Hefyd roedd disgwyl i Ambrose Bebb fel Cadeirydd y Mudiad Cymreig fod yn bresennol yn y cyfarfod ond ychydig ddyddiau'n gynharach anfonodd lythyr at Saunders Lewis 'yn ei hysbysu na bydd modd imi fod yn yr Eisteddfod, ac yn gofyn ganddo gymryd fy lle fel cadeirydd ein mudiad ni'.[21]

Roedd penderfyniad Bebb i beidio â bod yn bresennol yn y cyfarfod yn siom fawr i Saunders. Fe gafodd Saunders eglurhad ganddo am ei absenoldeb ond ni rannodd Bebb ei resymau am hynny gydag ef tan ddechrau Hydref. Yn ôl Bebb roedd yn amlwg na wyddai Saunders bod yn rhaid iddo fynd i Baris yn ôl ei addewid i Vendryes pan adawodd yno yn y gwanwyn i ymgymryd â'i swydd newydd ym Mangor. Siom Saunders oedd bod ei absenoldeb wedi golygu na etholwyd ef ar y pwyllgor a ddewisiwyd yn y cyfarfod ym Mhwllheli i lunio rhaglen yr Ysgol Haf yn 1926. Wedi'i eglurhad daeth Saunders yn ôl ato a bu i'r ddau gymodi heb unrhyw falais.[20]

Yn ôl ym Mhwllheli cadw at yr agenda fer oedd nod y cyfarfod a hynny'n unig.

Chwech o ddynion oedd yn bresennol yn y cyfarfod, sef Saunders Lewis, Lewis Valentine, H.R. Jones, D.

Edmund Williams, Moses Gruffydd a'r Parchedig Fred Jones. Ni chafwyd trafodaeth o gwbl ar bolisi a dulliau. Tri phenderfyniad a wnaed i gyd. Yn gyntaf sefydlu PLAID GENEDLAETHOL CYMRU yn fudiad Cymru gyfan. Yn ail ethol swyddogion. Etholwyd Lewis Valentine, gweinidog ifanc gyda'r Bedyddwyr yn Llandudno, yn Llywydd; Moses Gruffydd, mab ffarm o Edern, oedd yn Drefnydd Amaethyddiaeth Meirion ar y pryd, yn Drysorydd; a H.R. Jones, oedd yn 31 oed erbyn hyn, yn Ysgrifennydd y blaid newydd. Felly roedd y tri yma'n parhau gyda'r un swyddi ag oedd ganddynt yn barod gyda'r Blaid Genedlaethol oedd wedi ei ffufio yng Nghaernarfon ddiwedd 1924 a thri aelod o'r Mudiad Cymreig, sef Saunders Lewis, Fred Jones a D.J. Williams, yn ymuno â hwy i ffurfio Pwyllgor Gwaith o chwech gyda phwer i gyfethol. Yn olaf penderfynwyd bod Ysgol Haf y blaid i'w chynnal ym mis Awst 1926. Fel y dywed J.E. Jones,

> Na, nid 'cynhadledd fawr' a fu yno. Nid oedd unrhyw ffydd gan y bobl hyn mewn 'cynadleddau cenedlaethol'; bu amryw o'r rheiny yn ystod y pum mlynedd cynt, a phob un yn bur ddiwerth. Ni bu areithio gwresog nac ymfflamychu na chwhwfan baneri yn y cyfarfod hwn. Eithr bu i'r chwech wneud y gwaith y daethant i'w wneud, yn sicr a phendant; ie, yn rhyddieithol hefyd, ond gan wybod yn eu hysbryd eu bod yn cychwyn mudiad mawr, mudiad achub ac adfer eu cenedl. Bach yw hedyn pob mawredd.[21]

Yn ogystal, dewiswyd y Parch. Fred Jones, ac L.E. Valentine ynghyd â D.J. Williams, Abergwaun i annerch y cyfarfod cyhoeddus yng nghapel y Bedyddwyr, Pwllheli y noson ganlynol, gyda Meuryn, golygydd *Yr Herald Cymraeg* Caernarfon, i lywyddu.Ymddengys mai ychydig iawn o bobl oedd yn bresennol yn y cyfarfod hwnnw.[22]

Wrth edrych yn ôl a gweld cyn lleied oedd yn bresennol credai Saunders mai annoeth efallai oedd cynnal y cyfarfod cyhoeddus yn ystod wythnos yr Eisteddfod. 'Gwell peidio â dal cyfarfod yn ystod yr Eisteddfod. Cofio gennym mor ychydig,' meddai, 'a ddaeth i'r cyfarfod ym Mhwllheli. Ni ddaw bobl i gyfarfodydd felly mewn Eisteddfodau.'[23]

Er na chafwyd dathliad buddugoliaethus i gofnodi'r diwrnod arbennig hwn ac mai prin iawn oedd sylw y wasg i'r holl achlysur nid oes amheuaeth am ei arwyddocâd i Gymru. 'Er mai dim ond chwech oedd yn bresennol yn y cyfarfod hwn cafodd hanes ein cenedl dro go arwyddocaol.'[24]

Roedd y cyfarfod hwn yn ddiwedd un bennod a chychwyn pennod newydd yn hanes ymdrechion H.R. dros ei genedl. Ef 'fu'r symbylydd, yr un a wthiodd y trefniadau ymlaen, yn Arfon i ddechrau ac yn awr yn genedlaethol'.[25]

Mewn teyrnged i H.R. yn dilyn ei farwolaeth yn 1930 cydnabu Saunders Lewis ei gyfraniad allweddol i sefydlu'r Blaid Genedlaethol.

> Credwn ei bod yn gywir dweud mai H.R. Jones a sylfaenodd y Blaid Genedlaethol Gymreig.[26]

11

Gosod y Blaid Newydd ar ei Thraed

Wrth i H.R. ymgymryd â'i waith fel trefnydd y blaid newydd roedd yn dod yn fwyfwy amlwg nad oedd yn gynaliadwy iddo gario ymlaen i weithio fel yr oedd wedi ei wneud hyd at y pwynt hwn. Roedd yn parhau i weithio dros y blaid yn ddi-dâl ac yn ei amser ei hun a'r cyfrifoldeb oedd arno yn cynyddu. Roedd ei gyflwr iechyd yn simsan iawn ond roedd mor benderfynol ag erioed i gario ymlaen.

Hyd yma roedd wedi arfer gweithio fel band un dyn heb gael fawr ddim arweiniad na chefnogaeth. Ond roedd pethau ar newid. Roedd dau brif ffactor i gyfrif am hyn. Yn gyntaf sefydlwyd Pwyllgor Gwaith yn y cyfarfod ym Mhwllheli ac ymhen y flwyddyn yn Ysgol Haf gyntaf y Blaid ym Machynlleth fe etholwyd Saunders Lewis yn Llywydd wedi i Lewis Valentine ddweud nad oedd yn dymuno cario ymlaen yn y swydd.

Roedd sefydlu Pwyllgor Gwaith a'r dewis o aelodau arno yn dipyn o strôc ar ran Saunders Lewis. Roedd hwn yn benderfyniad allweddol a phellgyrhaeddol a wnaed ym Mhwllheli.[1]

Ar wahân i H.R. roedd pob un aelod o'r pwyllgor gwaith o'r un anian â Saunders – yn griw llawer mwy trefnus, yn academwyr a'u pwyslais ar lunio polisïau a rhaglen waith er mwyn sichau cyfeiriad a sylfaen gadarn ar gyfer y blaid newydd. Golygai hyn y byddai'n rhaid i H.R. newid ei ffordd o weithio oherwydd fyddai ganddo ddim gymaint o benrhyddid ag y bu ganddo o dan yr hen drefn. Roedd hyn yn dipyn o her iddo. Yr un oedd ei frwdfrydedd ond roedd y drefn newydd yn llesteirio tipyn arno ac yn rhwystredig iawn iddo'n aml.

Roedd y misoedd yn dilyn y cyfarfod ym Mhwllheli yn rhai o geisio gosod cyfeiriad a sylfaen gadarn i'r blaid newydd gyda'r Pwyllgor Gwaith yn edrych tuag at Ysgol Haf Machynlleth ym mis Awst 1926 fel y cyfle cyntaf i sicrhau trafodaeth wirioneddol a chael cefnogaeth trwch yr aelodaeth i fwriadau'r blaid.

O fewn mis i sefydlu'r blaid roedd Saunders wedi gosod tasg i H.R. i ymgynghori'n llawn gyda'r aelodau er mwyn dod â'u holl awgrymiadau a'u syniadau ynghyd. Wedyn gellid llunio fersiwn ddrafft o'r gwaith fyddai angen ei wneud ar gyfer ei gyflwyno i'r Pwyllgor Gwaith. Hefyd roedd yn awyddus bod H.R. yn cyflwyno'i syniadau ei hun a byddai ef yn ceisio gwneud yr un peth.[2]

Roedd yn amlwg fod aelodau'r Pwyllgor Gwaith eisiau gosod eu dylanwad ar gyfeiriad y blaid a mynd ati i gryfhau eu grym oherwydd erbyn eu cyfarfod ym mis Rhagfyr 1925 roedd tri aelod ychwanegol, sef Ben Bowen Thomas, E. Prosser Rhys ac Iorwerth C. Peate wedi eu dewis i gynorthwyo'r pwyllgor.

Er nad oes cofnod o gynnig ffurfiol iddi ddod yn aelod o'r pwyllgor, roedd Mai Roberts hithau'n bresennol yn y cyfarfod hwn ac yn y cyfarfodydd dilynol. Os felly, gallwn gymryd mai hi oedd y ferch gyntaf ar Bwyllgor Gwaith y Blaid. Roedd ei phresenoldeb ar y pwyllgor yn gaffaeliad mawr i H.R. gan bod y ddau'n ffrindiau ac wedi cydweithio â'i gilydd cyn hyn.[3]

Tra bod y pwyllgor gwaith yn canolbwyntio'i egni ar baratoi rhaglen lawn ar gyfer yr Ysgol Haf roedd H.R. yn ôl ei arfer yn dal i geisio gwneud ei orau glas i roi darlun byw a phositif o'r Blaid trwy ddweud bod golwg lewyrchus arni, bod aelodau newydd yn ymuno yn ddyddiol, y cyfarfodydd cyhoeddus yn cael cefnogaeth dda a bod rhagolygon disglair am yr Ysgol Haf ym mis Awst.[4]

Ond er positifrwydd y Trefnydd y gwir oedd ei bod yn dalcen caled iawn i ennill cefnogaeth i'r blaid. Ychydig iawn oedd dylanwad gwleidyddol y blaid a'i hapêl i'r etholwyr, gan ei bod wedi mynnu ymwrthod â phob plaid wleidyddol Seisnig a phenderfynu cystadlu yn eu herbyn. Drwy wneud hyn roedd yn cydnabod hawl Cymru i setlo'i thynged ei hun. Cytunwyd bod y blaid i ganolbwyntio ar weithio o fewn Cymru'n unig a cheisio cyrraedd ei hamcan trwy ennill grym yn gyntaf yn yr awdurdodau lleol sef y cynghorau plwyf, tref, dosbarth a sir. Sicrhau Cymru Gymraeg oedd yr amcan a'r gred oedd mai y man cychwyn i sicrhau hynny oedd drwy ennill grym ar wahanol lefelau awdurdodau lleol. Doedd hi ddim yn syndod felly na ddenodd y blaid newydd unrhyw un gwleidydd o brofiad i ymuno â hi. [5]

Wrth gwrs, syniadau Saunders oedd y rhain ac yntau wedi mynnu cael cytundeb arnynt cyn y cyfarfod ym Mhwllheli. Roedd yn awyddus i symud i ffwrdd o'r math o 'genedlaetholdeb' oedd yn bodoli eisoes gyda threfnu cynadleddau cydbleidiol, obsesiwn ynglŷn â San Steffan a pharodrwydd i dderbyn safle israddol i'r Gymraeg. Roedd y ffaith fod gan Gymru blaid genedlaethol yn fodd i gadw'r holl gwestiwn o ymreolaeth neu annibyniaeth yn fyw.

Credai ei haelodau fod sefydlu'r blaid yn orchest ynddi'i hun; dim ond wrth fodoli, yr oedd hi'n ddatganiad o wahanolrwydd Cymru. [6]

Yn y cyfamser roedd H.R. yn mynd yn fwy rhwystredig ac yn awyddus i weld y blaid yn gweithredu'n gyhoeddus. Roedd wedi meddwl am ymgyrch gwrthod talu'r dreth incwm a chynnal protest yn Nhŷ'r Cyffredin i'r diben hwnnw. Ymateb Saunders a D.J oedd gofyn iddo ymatal rhag gweithredu oherwydd yn eu tyb hwy roedd rhaid cael barn ac argyhoeddiad gwlad y tu ôl i unrhyw ymgyrch a'u gobaith pennaf hwy oedd yr Ysgol Haf ym Machynlleth pryd y byddai modd llunio rhywbeth pendant i'w gynnig i'r genedl.[7]

Wrth i drafodaethau'r Pwyllgor Gwaith fynd yn eu blaenau roedd yn dod yn fwy amlwg iddynt bod angen rhoi sylw i beirianwaith y blaid a bod yr amser wedi dod i ad-drefnu gan fod y gwaith yn cynyddu ac nad oedd y drefn bresennol oedd ganddi yn gynaliadwy.

Roedd D.J. Williams yn poeni am iechyd H.R. ac yn credu ei fod yn ei ladd ei hun gyda gormod o waith i'w wneud. Roedd o'r farn y dylai'r blaid fynd ati i greu gronfa i dalu iddo fel trefnydd fel y gallai roi ei holl amser i'r gwaith. Hefyd apeliodd ar H.R. i ddosrannu ei waith gymaint ag yr oedd modd fel bod eraill yn ysgwyddo peth o'r gwaith.[8]

O fewn y cyd-destun yma dechreuwyd trafod swydd y Trefnydd a chytunwyd y dylid anelu at benodi trefnydd cyflogedig. Teimlid na ellid dibynnu'n unig ar waith oriau hamdden gan bod gwaith anferth o'u blaenau. Roedd yn rhaid wrth drefnu a sefydlu canghennau ym mhob rhan o Gymru a'u cysylltu a dod â hwy at ei gilydd mewn un ymgyrch fawr. Er mwyn hyn byddai'n rhaid cael un i roi ei holl amser i'r gwaith.[9]

Nid oes tystiolaeth iddynt drafod hyn gyda H.R. ac nid oes cofnod ychwaith o anfodlonrwydd na beirniadaeth o unrhyw fath gyda'r modd yr oedd H.R. yn cyflawni'r swydd. Wynebu realiti'r sefyllfa oedd y Pwyllgor Gwaith gan wybod na allai'r swydd barhau yn y ffurf oedd arni. Fe benderfynon nhw roi cynnig yn yr Ysgol Haf i benodi trefnydd cyflogedig llawn amser ar gyflog o £300 y flwyddyn a chostau. Yr un pryd fe ddatganon nhw eu gwerthfawrogiad o waith H.R. a gofyn iddo a fyddai'n barod i barhau yn y swydd tan hynny ac fe gytunodd yntau.

Ynghlwm wrth hyn oedd yr ail gynnig sef bod y trefnydd

penodedig yn byw yn Aberystwyth neu Fachynlleth a bod swyddfa yn cael ei hagor yn un o'r ddau le yma gydag un ystafell yn cael ei neilltuo at wasanaeth y Pwyllgor Gwaith.[10]

Yr un pryd gwnaed y penderfyniad gan y Pwyllgor Gwaith i gyhoeddi misolyn Cymraeg o'r enw *Y Ddraig Goch*, ac fe ymddangosodd y rhifyn cyntaf ym Mehefin 1926. Er bod rhyddid gan aelodau'r blaid i bregethu eu cenhadaeth mewn nifer o gyhoeddiadau Cymreig eraill teimlwyd nad oedd hyn yn ddigon ac nad oedd modd hyrwyddo'r gwaith yn effeithiol fel yr hoffent heb gael cylchgrawn eu hunain gyda'r holl ysgrifau yn cynnwys yr un ddysg a'r un athrawiaeth.[11] Ar y llaw arall roedd y gost ariannol o gyhoeddi a chynnal y misolyn ac arian y blaid mor brin yn achos pryder i ambell i aelod o'r Pwyllgor Gwaith.[12]

Doedd hyn yn poeni dim o gwbl ar H.R. Roedd yn mynnu cario ymlaen. Ef a drefnodd yr argraffu a'r dosbarthu ac fe ddaeth cefnogaeth ariannol o ddeugain punt (arian mawr ar y pryd) gan y Fonesig Mallt Williams, aelod cefnogol iawn o'r blaid, tuag at y costau. Gwnaed apêl am danysgrifwyr ac addewidion ariannol yn y rhifyn cyntaf a'r enw cyntaf ar y rhestr cyfranwyr oedd neb llai na H.R. ei hun, cyfraniad o £2. Ambrose Bebb oedd yn gofalu am y rhifynnau cyntaf ac yna dewiswyd Saunders Lewis, Iorwerth Peate a Prosser Rhys ar y Bwrdd Golygyddol.

> O'r cychwyn cyntaf, yn wyneb marweidd-dra Cymry'r cyfnod, bu'r *Ddraig Goch* fisol yn un o'r offerynnau pwysicaf i adeiladu'r Blaid a deffro Cymru.[13]

Roedd tipyn o edrych ymlaen at yr Ysgol Haf gyntaf yn Hen Senedd-dy Glyndŵr ym Machynlleth rhwng y 23 a 28 o Awst ac fe brofodd yn achlysur hynod o lwyddiannus. Bu'n gyfle gwirioneddol i drafod pob math o bynciau perthnasol i genedlaetholdeb ac i ddyfnhau'r teimlad o frawdgarwch a chwaergarwch y tu mewn i rengoedd y blaid. Yn sicr roedd Saunders, Llywydd newydd y Blaid yn gweld arwyddocâd arbennig iawn i'r hyn y llwyddwyd i'w gyflawni ym Machynlleth.

> Y mae'r Blaid Genedlaethol bellach yn ffaith. Llwyddasom fyned heibio i'r cyflwr hwnnw pan soniodd dynion yn dragwyddol am ddyheadau'r Cymro, anianawd y Cymro, delfrydau'r Cymro ac felly ymlaen ad nauseam.[14]

Pan ddaeth y cynnig ger bron am ariannu trefnydd cyflogedig llawn amser, nid aeth popeth yn gwbl rwydd. Yn gyntaf cynigiwyd talu cyflog o £250 y flwyddyn a chostau, sef £50 yn llai nag argymhelliad y Pwyllgor Gwaith. O weld hyn daeth D.J. Williams, Abergwaun i'r adwy a chynnig cadw at awgrymiad y Pwyllgor o £300 (sef bron i £23k yn ein harian ni heddiw) a chostau ac fe basiwyd hynny. Yn ail cynigiwyd bod y swydd yn cael ei chynnig i H.R. ond cafwyd gwrthgynnig yn dweud y dylid hysbysebu'r swydd a rhoi hawl i'r pwyllgor wneud y dewis. Dilynwyd hyn gyda thrafodaeth a chytunwyd i gynnig y swydd i H.R. Gofynnwyd i Saunders Lewis fel Llywydd newydd y blaid i rannu'r newydd gyda H.R. a chynnig y swydd iddo. Fel trefnydd cyflogedig roedd disgwyl iddo roi'r cwbl o'i amser i'r Blaid a sefydlu'i swyddfa a byw yn Aberystwyth. Byddai hyn yn gyfleus ar gyfer gwasanaethu pob rhan o Gymru.[15]

Anfonodd Saunders lythyr hyfryd a pharchus iawn at H.R. yn gofyn iddo a fuasai yn ystyried derbyn swydd trefnydd y Blaid.

> Nid wyf am bwyso arnoch i'w derbyn, canys gwn fod y peth yn gyfrifoldeb a bod gadael lle da a sicr sydd eisoes yn eich meddiant yn gryn ymgymeriad. Felly, unig amcan y llythyr hwn yw eich sicrhau fy mod i yn bersonol, ac fel llywydd y Blaid ar hyn o bryd, yn llwyr ymddiried ynoch, a gobeithiaf gydweithio yn y dyfodol megis y gwnaethom hyd yn hyn. Y

> mae llwyddiant wythnos Machynlleth yn fater llawenydd ac ymffrost i ni oll ac i chi yn arbenicaf.[16]

Roedd Saunders yn ddyn llawen dros ben pan benderfynodd H.R. dderbyn y swydd. Yr un pryd dywedodd, 'Cofiwch mai chi o hyn allan yw prif dyn y blaid; bydd arnoch gyfrifoldeb mawr.'[17]

Yr un mor gefnogol i benodiad H.R. oedd Lewis Valentine, y cyn-Lywydd. Dywedodd ei fod yn llawenhau bod H.R. wedi derbyn y swydd.[18] Hefyd yr un mor gefnogol oedd D.J. Williams, 'Fe darawodd y Blaid ar y dyn iawn yn ddiamheuol wrth eich dewis chi'n ysgrifennydd iddi.'[19]

Er bod croeso mawr i'w benodiad gan nifer fawr o fewn y blaid roeddent hefyd yn ymwybodol bod gwaith anferth yn ei aros fel trefnydd a bod H.R. ei hun yn gwybod hynny'n well na neb. Ar y llaw arall fe wyddai pawb oedd yn ei adnabod nad oedd gwell gweithiwr nag ef yng Nghymru a'i fod wedi dangos hynny o dan amgylchiadau anodd iawn ers cychwyn y Blaid. Roedd cenedlaetholdeb yn bopeth iddo. Roedd disgwyliad mawr arno i gynnal ymgyrch bropaganda effeithiol trwy Gymru gyfan a ffurfio canghennau lleol ym mhob ardal o gwmpas y wlad.[20]

Roedd Saunders yn gweld symud lleoliad y swydd ac agor swyddfa yn Ffordd y Môr, Aberystwyth yn ffordd o dynnu H.R. ymhell o gyrraedd pwyllgor y Blaid yn Sir Gaernarfon.[21] Mae'n edrych bod Kate Roberts yr un mor gefnogol i'r symud o Gaernarfon i Aberystwyth. Roedd hi'n byw yn Aberdâr ar y pryd, ac wrth ymweld â'r gogledd fe alwodd mewn cyfarfod o Bwyllgor Sir Gaernarfon o'r Blaid ar ei ffordd o Ddeiniolen ar ôl iddi lwyddo i sefydlu cangen o'r Blaid yno.

Yn ei gohebiaeth at Saunders roedd hi'n llym iawn ei beirniadaeth o'r pwyllgor yng Nghaernarfon gan ddweud y byddai'n well i'r Blaid heb rai ohonynt gan mai siop siarad a dim arall i bob pwrpas oedd eu cyfarfodydd. Yn ei thyb hi roedd nifer oedd yn mynychu wedi diflasu dod mor bell i wneud dim ond siarad. Er nad yw yn ei enwi, roedd yn edrych bod H.R. yn dod o dan y lach yn fawr ganddi. Dywed iddi gynnig rhai awgrymiadau ar sut i wella cyfarfodydd ond ni welai bod yr ysgrifennydd yn gwneud cofnod ohonynt. Doedd hi ddim yn gweld dim trefn o gwbl ar y cyfarfodydd ac fe geisiodd, heb fod yn rhy gas, roi ar ddeall iddynt na fyddai modd iddynt lwyddo drwy gario ymlaen fel hyn. Teimlai fod y mwyafrif ohonynt yn meddu ar yr ysbryd iawn ond mai'r ochr drefnu oedd yn wan.[22]

Yn ei ateb iddi dywedodd Saunders Lewis ei fod yn gallu cydymdeimlo'n fawr â'i sylwadau gan ategu ei fod yntau yn gweld pwyllgor y Blaid yng Nghaernarfon yn yr un goleuni â hi. Roedd yn dda ganddo weld H.R. yn symud i Aberystwyth gan y byddai o dan ddylanwad gwell yno.

> Y mae arnaf innau fawr ofn pwyllgor y Blaid yng Nghaernarfon. Y maent yn wyllt a di-ddoethineb, ac yn caru pasio penderfyniadau. Mae'n dda gennyf fod H.R. Jones yn mynd i Aberystwyth. Bydd yno dan ddylanwadau gwell.[23]

Ar ôl chwe mis yn y swydd daeth yn amlwg mai trwy ffydd yn fwy na dim y gwnaed y penderfyniad i ariannu swydd y trefnydd gan nad oedd sefyllfa ariannol y Blaid yn iach o gwbl. Yn wyneb hyn aethpwyd ati i sefydlu cronfa ariannol. Yr amcangyfrif oedd y byddai'n rhaid cael tua £500 (dros £38k yn ein harian ni heddiw) y flwyddyn rhwng y cyflog a'r treuliau teithio. I ddangos y math o gymeriad oedd H.R., ef oedd un o'r cyfranwyr mwyaf i'r gronfa – £5 a pum swllt tuag at ei gyflog ei hun! Un arall a gyfrannodd yr un swm â H.R. oedd Mai Roberts a oedd yn byw yn Llundain ar y pryd.[24]

Er hyn mynd o ddrwg i waeth oedd y sefyllfa ariannol. Wedi naw mis roedd cronfa ariannol y Blaid mor isel fel y cynigiodd H.R. i ostwng ei gyflog o £300 i £200 y flwyddyn.

Derbyniwyd ei gynnig gyda mawr ofid mewn cyfarfod o'r Pwyllgor Gwaith ym mis Ebrill 1927 a bod y sefyllfa i'w hadolygu eto ym mis Awst.

Er y gostyngiad cyflog ddaru hyn ddim iot o wahaniaeth i H.R. Roedd yr un mor frwdfrydig i gario ymlaen gyda'i waith ac ni feddyliodd am eiliad roi'r gorau iddi. Cariodd ymlaen i fynd â neges y Blaid i bob cwr o Gymru a gwario cyfran o'i enillion personol i hybu hynny.

> I un fel H.R. a oedd a'i argyhoeddiad ar bwnc rhyddid Cymru fel fflam gadarn, nid swm cyflog oedd o bwys.[25]

Ar adegau byddai ei frwdfrydedd yn mynd yn drech nag ef ac ni fyddai Saunders yn brin o ddweud hynny wrtho. Roedd H.R. wedi gofyn barn Saunders am ei gynllun i 'sbwylio lecsiynau senedd yng Nghymru'. Ymateb Saunders oedd dweud bod hynny'n beth cwbl ffôl ac erfyn arno i gymryd gwaith y blaid o ddifri ac nid rhoi ei feddwl ar driciau llanciau. Gwell meddai fyddai bod yn 'hir a graddol yn ennill y wlad'.[26]

Yn ei ymateb i Saunders dywedodd H.R. nad oedd am fynd ymlaen gyda'i fwriad gan ychwanegu, 'Daw munudau a meddyliau gwyllt heibio ar brydiau, munudau o orffwylledd hwyrach, sydd yn peru i ddyn feddwl a dychmygu pethau ffôl. Gallwch fod yn dawel na roddaf ddim mewn gweithrediad heb ymgynghori a chwi. Er gwaethaf ambell funud gwyllt a meddyliau cyffrous, yr wyf yn canolbwyntio fy holl egnion ar waith y Blaid.'[27]

Tra bod hyn i gyd yn mynd ymlaen roedd cyflwr iechyd H.R. erbyn dechrau 1927 yn dirywio'n arw a phawb oedd yn agos ato yn wirioneddol bryderus amdano erbyn hynny. Roedd galw cyson ar iddo edrych ar ôl ei iechyd ac i gymryd seibiant haeddiannol o'i waith. Ond roedd ystyfnigrwydd H.R. a'i ymroddiad diwyro i'w waith yn ei wneud yn gyndyn i wrando ar unrhyw gyngor a ddeuai i'w ran.

Roedd ei feddygon yn pwyso arno i dreulio cyfnod yn y Sanatoriwm neu fynd dramor am seibiant a gorffwys. Yn y cyfnod yma byddai pob sanatoriwm yng ngogledd Cymru yn orlawn, a'r mwyafrif o'r cleifion yn chwarelwyr neu'n aelodau o'u teuluoedd.[28] Fodd bynnag, nid oedd ar unrhyw gyfrif yn barod i fynd yno a'i reswm oedd ei fod wedi gweld nifer o bobl wedi gadael heb wella ac nid yn dychwelyd i'w gwaith.[29]

Gan nad oedd yn barod i fynd i Sanatoriwm roedd ei feddyg yn ceisio pwyso arno i gymryd tri mis o orffwys yn Algeria neu un o wledydd Môr y Canoldir. Ei ymateb ef oedd dweud na allai fforddio gwneud hynny gan fod pob ceiniog oedd ganddo yn mynd tuag at godi'r Blaid ar ei thraed ac at dalu am goleg i'w chwaer iau Elinor. Beth bynnag roedd yn well ganddo gario ymlaen gyda'i waith ac nid oedd yn teimlo ynddo'i hun ei fod yn ddigon gwael i fod yn segur.

Ond er mawr ryddhad i bawb fe gytunodd ddechrau mis Ebrill 1927 i fynd am ychydig wythnosau i hinsawdd fwynach glannau Môr y Canoldir. Roedd y diolch mwyaf am hyn i Mallt Williams, aelod cefnog o'r Blaid a gytunodd i dalu'i gostau i fynd ar y fordaith. Erbyn hyn roedd pwysau mawr wedi dod gan Saunders a'r Pwyllgor Gwaith ar iddo gymryd seibiant o'i swydd gyda'r addewid y buasent hwy'n rhannu ei waith rhyngddynt yn ei absenoldeb. Rhan o'r trefniant yma oedd bod Mai Roberts yn ymgymryd â chyfrifoldebau'r trefnydd yn y gogledd ac i lawr at Aberystwyth. Roedd clywed am y trefniadau hyn yn ddigon iddo dderbyn mai mynd dramor am gyfnod fyddai orau iddo. Teimlai na allai byth ddiolch digon i Mallt Williams am ei charedigrwydd ac i'r Blaid am ei chefnogaeth.[30]

Eto er dod adref yn teimlo'n llawer gwell, mynd yn syth i'w waith oedd ei hanes. Rhyfeddu oedd pawb sut roedd yn medru dal ati, gan ei fod yn edrych mor wael. Byddai'n cael pyliau erchyll o beswch annifyr wrth iddo siarad.

Mewn un ymgyrch yng Nghwm Rhondda un tro torrodd gwaed drwy ei enau tua hanner dwsin o weithiau, ond mynnodd ddal ati hi i siarad a threfnu'r ymgyrch fel pe na bai'n dioddef oddi wrth unrhyw glefyd marwol.[31]

Er yn amharod iawn yn gyhoeddus i gyfaddef gwir gyflwr ei iechyd ac effaith hynny ar ei fywyd a'i waith byddai'n barod iawn i droi at Mai Roberts, fel ffrind iddo, i ddweud yn gwbl onest sut yn union yr oedd yn teimlo. Soniai fel y byddai'n teimlo'n wan, yn methu cerdded rhyw lawer heb flino a bron yn methu rhoi dwy droed heibio'i gilydd.[32]

Er yr ansicrwydd mawr ynglŷn a dyfodol ariannol ei swydd a'i iechyd mor fegus, daliai ymlaen efo'i waith. Ar ôl misoedd o waith caled roedd swyddfeydd newydd y Blaid yn Ffordd y Môr, Aberystwyth, wedi eu dodrefnu a'u hagor. Roedd hyn yn hwyluso gwaith y Trefnydd gyda phopeth yn daclus wrth law er mwyn gallu gweithio yn llawer mwy effeithiol.

Yn ogystal roedd H.R. wedi cymryd arno'i hun i sefydlu siop lyfrau. Gyda'r gefnogaeth iawn gan yr aelodau teimlai y gellid gwneud elw da o werthu llyfrau ac y byddai menter o'r fath yn fodd i dalu holl gostau'r swyddfa. Roedd yn ffyddiog fod y fenter wedi cyfiawnhau ei hun yn barod! Roedd y Blaid, er yr ofnau ar y cychwyn, wedi llwyddo i gynnal y swyddfa yn Aberystwyth, diolch yn bennaf i danysgrifiadau misol nifer o'r ffyddloniaid.

Erbyn dechrau 1928 roedd her fawr arall yn ei ddisgwyl ef a'r blaid. Roedd maniffesto'r blaid a fabwysiadwyd yn yr Ysgol Haf ym Machynlleth yn rhoi pwyslais mawr ar ennill cynrychiolaeth ar Awdurdodau Lleol Cymru fel man cychwyn ar gyfer adeiladu Cymru Gymraeg. Daeth y cyfle cyntaf i wneud hynny yn etholiadau'r cynghorau sir ym mis Mawrth 1928.

Syrthiodd yr holl gyfrifoldeb o hybu diddordeb ymysg aelodau'r blaid yn yr etholiadau hyn ar H.R. Dyma oedd yr etholiadau cyntaf i'r blaid eu hymladd a dyma oedd eu prawf cyhoeddus cyntaf i ddangos bod ganddynt gefnogaeth y tu allan i'w rhengoedd.

Bu iddo ohebu ac ymweld â nifer dda o unigolion er mwyn ceisio'u cael i sefyll, yn ogystal â mynd i bwyllgorau lleol i bwyso arnynt drefnu i gael nifer dda o ymgeiswyr. Ond er apêl Pwyllgor Gwaith y Blaid a phob ymdrech ar ran H.R. ac eraill i ddarbwyllo pobl i sefyll yn enw'r Blaid cyndyn iawn oedd pobl i wneud hynny. Y duedd ymysg rhai oedd dweud na ddylid dwyn gwleidyddiaeth plaid i mewn i etholiadau lleol a'u bod yn fodlon bod yn ymgeiswyr, ond fel unigolion preifat heb enw plaid o gwbl. Yna o gael eu hethol, gwneud eu gorau dros egwyddorion y Blaid ar y cynghorau.[33]

Yn ôl H.R. roedd mwy o rwystrau ar ffordd y Blaid i lwyddo yn yr etholiadau nag ar y pleidiau eraill. Roedd y sosialwyr yn talu costau cynrychiolwyr ar y cynghorau ac nid oedd y Blaid mewn sefyllfa i wneud hynny. Hefyd dadleuai fod nifer fawr o aelodau'r Blaid yn athrawon neu yn cael eu cyflogi gan gynghorau ar draws Cymru a hynny yn eu cau allan o sefyll yn yr etholiadau. Yn ogystal yn ôl H.R. plaid o bobl ifanc heb brofiad oedd y Blaid Genedlaethol ac oherwydd hynny roeddynt yn ofnus wrth feddwl am sefyll mewn etholiadau.

O ran H.R. ei hun fe safodd fel ymgeisydd yn rhan uchaf plwyf Llanddeiniolen ond nid yn enw'r Blaid Genedlaethol ond yn hytrach fel 'Cenedlaetholwr'. Er ei fod yn cael ei gyfrif fel rhamantydd llawen-obeithiol fe ddangosodd yn ystod yr ymgyrch ei fod yn gallu bod yn ŵr ymarferol iawn ac yn un â'i draed ar y ddaear. Wrth annerch yn ystod yr ymgyrch mynegodd ei ofid dwys a'i resyndod am 'gyflwr tai, dwfr, carthffosydd, ffyrdd, a phethau cyffelyb gyda chysylltiad ag iechyd. Y mae gan y Cynghorau Sir,' ychwanegodd, 'alluoedd eang i ddiwygio pethau yn y cyfeiriad yma, a chredaf y byddai yn ddyletswydd arnaf ymladd am y diwygiadau hyn gan mai iechyd, yn bennaf dim, yw sylfaen hapusrwydd bywyd. Credaf mewn cael addysg rad o'r Ysgol Elfennol hyd at y Brifysgol o fewn cyrraedd plant holl weithwyr Cymru.' Fel clo i'w anerchiad ceir y frawddeg hon na allai rhywun fel H.R. beidio â'i chynnwys yn y cyfnod yma wrth gyfarch yr etholwyr mewn etholiad lleol.

> Ceisiaf y tu mewn a'r tu allan i'r Cynghorau Lleol fwy o awdurdod llywodraethwyr i'w dwylaw (sef i ddwylo chwarelwyr Arfon), fel y caiff y werin Gymreig fwy o ryddid i drefnu eu deddfau a'u bywyd eu hunain.[34]

Ond er ei sêl a'i frwdfrydedd pan ddaeth y canlyniadau roedd H.R. ar waelod y rhestr gyda 84 o bleidleisiau, y Rhyddfrydwr yn ail gyda 323 o bleidleisiau a'r ymgeisydd Llafur yn ennill y sedd gyda 519 pleidlais.[35]

Pan ddeallodd Kate Roberts nad oedd H.R. wedi sefyll yn enw'r blaid roedd hi o'r farn y dylai fod wedi gwneud hynny. Hefyd roedd hi'n feirniadol nad oedd wedi sôn yn ei anerchiad am y Blaid o gwbl. Bu iddi gysylltu â Saunders i weld beth oedd ganddo ef i ddweud am hyn. Ateb Saunders oedd dweud ei fod yn tybio mai fel ymgeisydd y Blaid y safodd H.R. ond os na wnaeth hynny nid oedd yn gweld pwynt iddo sefyll yn yr etholiad. Fodd bynnag, prif neges Saunders iddi oedd ei gonsýrn bod y Blaid wedi gwneud mor sâl yn yr etholiad.[36]

Er na wyddom pam na safodd H.R. yn enw'r Blaid, yr wrth-ddadl i Kate Roberts oedd iddo fod yn ddigon dewr i sefyll fel cenedlaetholwr ac ef oedd yr unig un i wneud hynny. Serch hynny, dangosodd canlyniad yr etholiad nad oedd H.R. yn y ras o gwbl ac fe brofodd yr etholiad cyfan yn fethiant i'r Blaid. Tynnodd amryw eu henwau yn ôl ar y funud olaf. Ar y llaw arall llwyddwyd i gael gan lawer o ymgeiswyr nad oedd yn arddel y blaid yn gyhoeddus – amryw ohonynt wedi eu dychwelyd yn ddiwrthwynebiad

– i ymrwymo i gefnogi rhannau pwysig, os nad y cwbl oll, o raglen y Blaid Genedlaethol.

Ni ellid gwadu bod canlyniadau'r etholiadau hyn yn siom anferth i'r Blaid ac fel y gellid tybio roedd eu gelynion a'u gwrthwynebwyr ar ben eu digon yn gwatwar perfformiad trychinebus y Blaid. Un o'r cyfryw rai oedd William George, Cricieth, a aeth i'r wasg a chael modd i fyw yn llusgo perfformiad y Blaid trwy'r drain.

> Hyd y gwelais i, un ymgeisydd yn unig ddaeth ymlaen fel Cenedlaetholwr drwy'r wlad i gyd yn yr etholiadau hyn, ac ymhell ar waelod y pôl y daeth yntau allan. Pob parch i'r Trefnydd am ei wroldeb yn gwneud yr ymdrech – ond yr hyn a garwn wybod yw pa faint o amser a gymer hi i'r Blaid ennill Cynghorau Plwyfol, Dinesig, Gwledig a Sirol y wlad?[37]

Roedd H.R. yntau'n hynod siomedig gyda'i ganlyniad ef fel ymgeisydd yn rhan uchaf plwyf Llanddeiniolen. Roedd dod ar waelod y rhestr gyda 84 o bleidleisiau wedi ei daro'n galed. Ceisiodd Prosser Rhys godi'i galon gan ddweud wrtho ei bod yn 'sylweddol o beth i 84 o bobl bleidleisio i blaid newydd sbon. Gwnaethoch yn dda, a thorasoch y garw yn Gaernarvon.'[38]

Ymateb y Blaid i hyn oedd derbyn bod yr etholiad yn siom ond nad methiant y Blaid yn unig oedd hynny. Eu dadl oedd bod Cymru heb ddeffro eto o gwbl i gymryd gwleidyddiaeth leol o ddifrif gan gyfeirio at un ardal yn y gogledd lle nad oedd unrhyw bwnc dan sylw'r etholwyr oddieithr cyflwr llwybrau rhwng dau bentref. Roedd hyn yn dangos gymaint oedd y dasg oedd yn aros y Blaid yng Nghymru.[39]

Gwaethygu oedd cyflwr iechyd H.R. ond eto daliai ati fel petasai dim wedi newid. Yr oedd newydd gladdu ei dad pan drefnodd Ysgol Haf lwyddiannus arall, y tro hwn yn Llandeilo, y drydedd ysgol haf yn olynol.[40]

Fel petai ganddo ddim ddigon ar ei blât yn barod fe

gafodd ei ddewis ym mis Ebrill 1929 yn asiant etholiadol i L.E. Valentine oedd yn ymgeisio am sedd Caernarfon yn Etholiad Cyffredinol y flwyddyn honno.[41] I ychwanegu at y pwysau mawr oedd arno nid oedd gan y blaid brofiad o ymladd etholiad o'r math yma. Wrth lwc, daeth ei ffrind Mai Roberts i'r adwy gan ddangos ei gwerth o ran y profiad oedd ganddi o gynorthwyo E.T. John i ymladd etholiadau cyffredinol 1918 a 1922.

Yn anffodus, er ddim yn annisgwyl efallai, ni fu rhedeg yr ymgyrch yn rhydd o drafferthion. Oherwydd camgymeriad H.R. bu raid i'r ffyddloniaid weithio drwy'r nos am fwy nag un noson i ailgyfeirio 47,000 o amlenni gan fod rhestr etholwyr anghywir wedi'i defnyddio'r tro cyntaf. Bu pawb wrthi fel lladd nadroedd drwy gydol yr ymgyrch gan weithio oriau maith ddydd a nos, gymaint felly fel y bu i Mai Roberts lewygu dan bwysau gwaith un noson.[42]

Ond fe gamodd yr ymgeisydd Llafur, R.T. Jones, i'r adwy'n haelfrydig iawn drwy roi cyflenwad o amlenni i'r Blaid a chynnig cymorth i'w cyfeirio. Yng ngeiriau O.M. Roberts, 'teyrnasai brawdgarwch y pryd hwnnw'.[43]

Er yr holl ymdrech pan ddaeth yr etholiad daeth L.E. Valentine ar waelod y rhestr. Collodd y Blaid ei hernes o £150 ar ôl ennill cyn lleied ag 1.6% o'r bleidlais. Roedd y canlyniad yn chwip din go iawn.

Major Goronwy Owen (Rh) 18,507
Mr. R.T. Jones (Ll) 14,867
Mr. D. Fowden Jones (C) 4,669
Parch Lewis Valentine (Cen) 609

Ond er y grasfa rhoddodd H.R. sbin bositif ar y canlyniad. 'Mae'n werth byw yng Nghymru heddiw,' meddai, 'ond yn werth mwy bod yn fyw i Gymru. Chwe chant a naw yn mynwesu'r ffydd genedlaethol yn Sir Gaernarfon, chwe chant a naw wedi codi baner Cymru unwaith eto ar lechweddau yr hen froydd annwyl! Chwe chant a naw o filwyr Arthur yn seinio utgorn y dadeni! Chwe chant a naw yn cyfeirio golygon Cymru tua'r Wawr! Nid du bellach y gorwel. Nid ofnwn mwy y nos. Daeth gwawr trwy ymdrech fawr Sir Gaernarfon. Bellach fe gerdd Cymru rhagddi i dir ei haddewid, a daw Arthur ei hun, wedi dadebru o'i hirgwasg wrth droed yr Elidir i arwain ei bobl i dir rhyddid.'[44]

Fe arweiniodd costau ymladd sedd seneddol at fwy o drafferthion ariannol i'r Blaid. Cynhaliwyd pwyllgor brys yng ngwesty Pendref, Caernarfon ddiwedd mis Mai 1929 a bu rhaid dod i benderfyniadau anodd. Pasiwyd i roi mis o rybudd i ddod â gwasanaeth clerc yn y swyddfa yn Aberystwyth i ben a mis o rybudd i berchennog y swyddfa yn Aberystwyth i ddod â'r denantiaeth i ben. Pasiwyd i gymryd swyddfa yng Nghaernarfon, a cheisio ei chael am tua 5 swllt yr wythnos.[45]

Nid yn unig yr oedd sefyllfa ariannol y Blaid yn peri pryder ond roedd yn ymddangos bod H.R. yn dioddef gwasgfa ariannol ei hun. Nid oedd ar y gorau yn un am gadw trefn ar ei sefyllfa ariannol bersonol ond erbyn dechrau 1929 roedd wedi derbyn rhybuddion terfynol gan y banc. Teimlai mai un ffordd o ddatrys y broblem fyddai gadael ei swydd fel trefnydd a chwilio am swydd fyddai'n talu'n well iddo. Ond nid oedd Saunders am iddo wneud hynny. Cyngor Saunders oedd iddo beidio â brysio i roi ei waith i fyny gan nad ar chwarae bach y byddai'n cael gwaith arall. Roedd yn barod i weld sut allai ei helpu gyda'i ddyledion.

> Yr oeddwn yn disgwyl hyn, a rhybuddiais chwi o'r blaen. Y mae'n amser i chwi dorri'r dillad yn ol y brethyn, y mae'n rhaid i chwi fod yn fwy gofalus. Ond ni welaf i y byddai gobaith i chwi dalu'n ol i'r banc wedi gadael swyddfa'r Blaid. Fy nghyngor i felly yw aros ychydig bach, ac mi sgrifennaf eto'n fuan i Aberystwyth wedi gweld beth a allaf ei wneud.[46]

Er iddo grybwyll sawl tro wrth Saunders yr hoffai roi ei swydd i fyny yr oedd erbyn mis Mehefin yn dweud ei fod o ddifri ynglŷn â gwneud hynny. Nid oedd ganddo swydd arall i fynd iddi ond ei fwriad oedd aros tan ar ôl yr Ysgol Haf cyn gweld beth arall fyddai ar gael. Roedd yn tybio mai dyna fyddai orau i lwyddiant y Blaid gan ei fod yn credu bod 'troad y rhod yn dechreu dod i'r Blaid ar ôl y lecsiwn, ac o hyn ymlaen y llwydda o ddifrif. Oherwydd hynny y mae yn bwysig i ni gael trefnydd da. Nid anodd fydd cael un wedi cael profiad gyda pleidiau eraill ar hyn o bryd. Wrth gwrs fe wnaf innau o hyn ymlaen, bopeth a allaf i'r Blaid. Os caf waith yng Nghymru, fe gymeraf at drefnu etholaeth, ond i'r gwaith fod yn gwbl ddi-dal.'[47]

Ond parhau yn ei swydd a wnaeth gyda Saunders yn gofyn iddo sut yn y byd y gallai ymddiswyddo o'i swydd heb waith arall i fynd iddo i'w helpu i dalu dyledion. Roedd yn gobeithio bod H.R. wedi dod i drefniant gyda'r banc i dalu ei ddyledion fesul tipyn ac nad oedd eisiau clywed mwy ganddo am ei drafferthion ariannol.[48]

Erbyn dechrau 1930 roedd iechyd H.R. wedi gwaethygu'n fawr ac yr oedd yntau wedi gorfod derbyn hynny. Cynigiodd ei ymddiswyddiad i'r Pwyllgor Gwaith ond yn eu cyfarfod ar ddechrau mis Ionawr fe benderfynwyd peidio â derbyn ei ymddiswyddiad am y tro ond yn hytrach ganiatáu iddo gymryd ychydig fisoedd o amser i ffwrdd o'i waith. Hefyd bod y Trysorydd i gynorthwyo H.R. gyda materion ariannol yn ôl yr angen a bod y Parch. L.E. Valentine, W.A. Bebb, J.E. Daniel ac R. Williams Parry i gymryd drosodd ei ddyletswyddau hyd nes y byddai'n gallu dychwelyd i'w waith.

Fel yr âi'r misoedd yn eu blaenau roedd cyflwr iechyd H.R. yn mynd o ddrwg i waeth, gymaint felly fel ei bod yn fwyfwy anodd iddo gyflawni'i ddyletswyddau fel trefnydd. Ni allodd fynychu cyfarfod o'r Pwyllgor Gwaith yn Aberystwyth ym mis Ebrill. Roedd pawb o'r pwyllgor yn poeni amdano a D.J. Williams yn dymuno gwellhad buan iddo ac yn manteisio ar y cyfle i ddiolch iddo am ei waith diflino dros y blaid.

> Blin iawn oedd gennym i gyd eich colli o bwyllgor y Blaid y dydd o'r blaen. Gobeithio'n fawr eich bod yn llawer iawn gwell erbyn hyn ac y gwna'r tywydd hyfryd yma les i chi gryfhau. Yr ych chi wedi gweud mwy o waith na neb dros y Blaid H.R. – y mae pawb yn gwybod hynny'n dda. Fuasai gennym ni yn ôl pob tebyg ddim Plaid Genedlaethol yn bod yn awr onibai am danoch chi, na 'Ddraig Goch' na dim.
>
> Fedrwn ni ddim fforddio bod heb eich cymorth gwerthfawr chi,yr hen H.R. Felly cysurwch eich hunan i gryfhau eto'n fuan gyda'r tywydd ffein yma, fel y caffom eich help yn fuan eto.[49]

Gwaethygu'n ddirfawr oedd ei gyflwr fel na allai wneud fawr ddim gwaith trefnu ac i bob pwrpas roedd y canghennau a'r pwyllgor sir wedi dechrau llesgáu a marw.[50]

Erbyn mis Mehefin roedd salwch H.R. wedi ei drechu.

12

Hynt a Helynt H.R. fel Trefnydd

MAE HANESION AM drefniadau neu yn fwy agos ati, ddiffyg trefniadau cyfarfodydd gan H.R. yn chwedlonol erbyn hyn. Mae cymaint o straeon am sefyllfaoedd yn mynd o chwith wrth drefnu dyddiadau a lleoliadau ar gyfer cynnal cyfarfodydd cyhoeddus. Siaradwyr yn troi i fyny a'r man lleoliad heb ei logi neu ddyddiadau anghywir wedi eu rhannu gyda hwy. Doedd dim syndod bod cryn rwystredigaeth a beirniadaeth ar H.R. pan ddigwyddai hyn. Y gwir oedd bod H.R. wrthi fel dyn gwyllt, yn ceisio bod ym mhob man yr un pryd a'r siaradwyr hwythau yn ddigon naturiol yn flin eu bod hwy yn gwastraffu eu hamser prin pan nad oedd y trefniadau addas yn eu lle. Roedd brwdfrydedd H.R. fel trefnydd diflino yn cael y gorau arno. Hefyd pan oedd pethau'n mynd o chwith edrych ar yr ochr bositif fyddai H.R. bob amser.

Mi fyddai H.R. yn aml, ar y funud olaf, yn troi ei olygon at ddenu myfyrwyr o'r Coleg ar y Bryn ym Mangor i fynd i annerch mewn cyfarfodydd cyhoeddus mewn pentrefi ledled Gwynedd. Tra bod rhai o'r cyfarfodydd yn weddol lwyddiannus, doedd bron neb yn bresennol mewn eraill gan fod yr achos yn newydd hollol. Roedd un stori am dri o bobl yn troi fyny i wrando ar H.R. ym Modedern, Ynys

Môn ac un o'r tri oedd myfyriwr o Fangor. Ond siars H.R. i'r un o Fangor ac i Idwal Roberts (brawd Mai Roberts, Deiniolen) oedd wedi gyrru H.R. oedd i ddweud bod yno 'lond y lle'! H.R. yn ceisio dangos yn bositif bob amser![1]

Ei ddrwg yn ôl Gwilym R Jones oedd y duedd ynddo i drefnu cyfarfodydd cyhoeddus ar y munud olaf.

> Rwy'n cofio bod Mathonwy Hughes a minnau wedi cael cerdyn yn llawysgrifen fân H.R. un bore yn cyhoeddi ein bod ill dau i annerch cyfarfod o'r Blaid yng Nghaeathro y noson honno – byddai cardiau o'r fath yn bethau pur cyffredin yn hanes y trefnydd! Ni wyddem ym mha le yn y pentref y cynhelid y cyfarfod na pha bryd y disgwylid inni gyrraedd yno. Yr oedd hi'n tywallt glaw megis o grwc pan gychwynasom ar ein beiciau ar daith o ryw saith milltir o Dalysarn; cyrraedd sgwâr Caeathro, a holi yn y siop ym mha adeilad y cynhelid y cyfarfod o'r Blaid. Nid oedd boster i'w weld yn unman. Awgrymodd rhywun y gallai'r cyfarfod fod yn yr ysgol, a dyma'i gyrru hi tuag yno a'r glaw yn tasgu rhwng ein crysau a'n crwyn. Yr oedd golau yn yr ysgol, ond nid oedd yno'r un enaid byw ac eithrio'r gofalwr a'i lantern gorn yn ei law, a diniweityn oedd ef![2]

O wybod am ei brofiad ef a llawer un arall roedd gan Gwilym R. Jones gyngor adeiladol iawn ar gyfer H.R. ynglŷn â threfnu cyfarfodydd. Roedd yn pwyso arno i fod yn fwy pwyllog a threfnus wrth drefnu cyfarfodydd cyhoeddus.

> Bu Mathonwy a minnau yn Rhosgadfan nos Lun, a chawsom gyfarfod da yno, er mai ugain oedd yn bresennol. Da thi, paid a gyrru'r blaid i'r wal drwy frysio gyda'r cyfarfodydd yma. Dylem gael o leiaf 8 nos o rybudd o'r cyfarfodydd y disgwylir i ni eu hannerch ...Siomi cynulliadau a fydd y canlyniad o ruthro i drefnu pethau. Bu agos i hynny ddigwydd neithiwr onibai i Fath a minnau frysio i Rosgadfan – heb reid na dim.[3]

Un arall a gafodd flas o ddiffyg trefniadau H.R. oedd O.M. Roberts. Soniai fel y byddai H.R. yn trefnu i anfon siaradwyr, ac yntau yn eu plith, i annerch mewn cyfarfodydd cyhoeddus.

> Yn bur aml, digwyddai rhywbeth fel hyn: cnoc ar ddrws fy llety yn Orme Road, Bangor ac Idwal Roberts, Glanrhydfadog, Deiniolen ar y rhiniog. 'Mae H.R. eisiau inni fynd i gynnal cyfarfod ym Mrynsiencyn heno.' I ffwrdd â ni wedyn i chwilio am Tom Parry a Bleddyn Jones Roberts i'n cynorthwyo. Unioni am Frynsiencyn, gan geisio paratoi'n frysiog ar y ffordd, a gweld fod y neuadd yn wag a neb yn gwybod am y cyfarfod! Mynd o dŷ i dŷ y byddem wedyn i chwilio am gynulleidfa.[4]

Ond fe fyddai H.R. yn llwyddo i gael ambell i drefniant yn gywir. Roedd rhai cyfarfodydd mwy ffurfiol yn cael eu cynnal a'r rheiny ran amlaf yn yr Institiwt yng Nghaernarfon gyda R. Williams Parry yn cadeirio. Yn aml mi fyddai Saunders yn cael ei wahodd i siarad ac er tegwch i H.R. byddai pawb yn cael clywed am y math yma o gyfarfodydd. Doedd fiw iddo mae'n debyg wneud llanast gyda threfniadau cyfarfodydd y Llywydd!

Ar achlysur arall mae O.M. Roberts yn cofio cael cais gan H.R. i fynd i Dal-y-sarn. Ar ôl cyrraedd yno cafodd ar ddeall nad yno ond yn y Groeslon yr oedd o i fod. Edrychodd ar y nodyn yr oedd wedi ei dderbyn gan H.R. ond daeth yn amlwg bod H.R. wedi gwneud camgymeriad. Cyfarfod o'r Blaid Lafur oedd yn Nhal-y-sarn. Y cwestiwn wedyn oedd sut oedd am gyrraedd y Groeslon. Awgrymodd ffrind iddo afael mewn beic merch, beic un o aelodau'r Blaid Lafur, a dyna a wnaeth. Cafodd reid adre ar ôl y cyfarfod a gadael y beic yn y Groeslon![5]

Un arall rhwystredig iawn efo H.R. a'i drefniadau blêr oedd Iorwerth C. Peate ac fe fynegodd hynny heb flewyn ar dafod mewn llythyr ato.

> Cefais lythyr heddiw o Aberdyfi yn dywedyd bod fy enw ar bosters y Blaid Genedlaethol i siarad yno mewn cyfarfod nos Wener nesaf am 9.15. Yn enw popeth, pa beth yw ystyr hyn? A gawsoch chwi fy llythyr i yn dywedyd yn hollol eglur bod gennyf ddosbarth y Brifysgol yno am 8 y noson honno? Y mae peth fel hyn yn peri trafferth nid bychan i mi. Gwyddoch mai swyddog y Brifysgol ydwyf i'n gyntaf. Dro'n ôl bu cyfarfod gan y Rhyddfrydwyr yn Aberdyfi ond ni newidiwyd noson y dosbarth o'i herwydd er bod y rhan fwyaf o'r dosbarth yn perthyn i'r blaid honno. Oddi ar yr un egwyddor ni ellir newid ein dosbarth i'r Blaid Genedlaethol pa beth bynnag yw gwleidyddiaeth yr athro neu ei ddisgyblion. Yr ydych yn gwybod yn ddigon da erbyn hyn ein bod yn cyfarfod yno fel dosbarth pob nos Wener am 8. Pam yn enw rheswm y rhoddir fy enw innau ar y rhaglenni fel siaradwr? Yn sicr, fel y gallaf weled oddi wrth lythyr fy nghyfaill, y mae bwrglera fel hyn yn mynd i wneuthur drwg i'r Blaid. A fyddwch chwi gystal â gorchymyn croesi ymaith fy enw o raglenni Aberdyfi, canys yn athro fy nosbarth y'm ceir y noson honno. Y mae amser i bopeth ac yn sicr fe ellid cael noson mwy cyfleus i gyfarfod cyhoeddus yn Aberdyfi na nos Wener – yn neilltuol os disgwylir i mi neu i'm dosbarth – Cymry Aberdyfi – ddyfod yno.[6]

Daeth H.R. dan lach Lewis Valentine am ei drefniadau sâl. Nid oedd yn ddyn hapus o gwbl a phwy all ei feio? Roedd gofyn iddo fynd i gyfarfod yn Llithfaen am hanner awr wedi chwech un noson a phan gyrhaeddodd nid oedd cadeirydd na llenyddiaeth yno. Disgwyliodd yno tan saith a daeth criw go lew at ei gilydd. Fe aeth y cyfarfod ymlaen tan chwarter i wyth ond erbyn hynny roedd yn rhaid iddo ruthro i Lanaelhaearn oherwydd yn ôl llythyr chwaer H.R. roedd y cyfarfod yno i fod i ddechrau am hanner awr wedi saith. Roedd ganddo waith tri chwarter awr o gerdded o Lithfaen i Lanaelhaearn ac erbyn iddo gyrraedd y pentref doedd dim enaid byw yno a phan holodd yn y tai yn ymyl doedd neb yn gwybod am y cyfarfod. Siwrnai seithug a gafodd ac yntau mor llesg. Gwastraff amser i gyd. Yna roedd yn fater o chwilio am le i aros. Bu raid iddo fynd yn ôl yr holl ffordd i Lithfaen a chwilio am hen gyfaill yno ac fe gynigiodd hwnnw lety iddo. Roedd y dydd Sadwrn yn ddiwrnod mawr a glawog dros ben ac fe'i gwlychwyd yn ddiferol nes iddo orfod bod gartref yn gwella o'r annwyd a'r cryd cymalau. Ni ellir ei feio am ddweud wrth H.R. na fyddai yn mynd oddi cartref eto heb sicrwydd bod y trefniadau i gyd yn eu lle gan mai gwastraff amser ac arian oedd y cyfan a dim i'w ennill. Prysurodd i ddweud wrth H.R. nad oedd ei chwaer i'w beio oherwydd beth fedrai hi ei wneud, a lle oedd aelodau eraill pwyllgor Llŷn?[7]

Yr un mor ddamniol oedd Kate Roberts am drefniadau H.R. a bu yn hollol blaen am yr hyn oedd ganddi i'w ddweud. Roedd Dafydd Edmwnd Williams o'r Groeslon wedi anfon telegram ati ar ddydd Llun yn gofyn iddi fynd i Dremadog nos Fawrth. Fel oedd hi yn digwydd roedd yn amhosib iddi fynd er y byddai unrhyw noson arall yn gyfleus. Fodd bynnag, y diwrnod wedyn mi glywodd gan D.E. Williams mai da o beth nad aeth hi oherwydd ddaru neb droi i fyny. Hefyd mai'r diwrnod cynt yr oedd gwybodaeth am y cyfarfod wedi mynd allan a hefyd y telegram yn gofyn iddo fynd i siarad. Pwysleisiai nad achwyn iddi oedd D.E. Williams ond eisiau dweud mai da o beth oedd nad oedd hi ddim yn gallu mynd. Bu iddi ddiweddu ei neges at H.R. fel hyn:

> Rwan, mae peth fel hyn yn hollol afresymol. Amhosibl disgwyl i neb fynd i siarad ar wys delegram. Dylai pob siaradwr gael o leiaf wythnos o rybudd, ac oni ellir cael hynny, gwell rhoi'i cyfarfod i fyny. Ac yr wyf am roi cyngor i D.E.W. i beidio a mynd i unman i siarad heb gael wythnos o rybudd. Ac mae telegramiau yn bethau drud iawn. Ac hyd yn oed os ydych chwi yn talu am y telegrammau eich hun, gwaeth fyth yw hynny.[8]

Er nad oedd trefnu cyfarfodydd yn un o'i ragoriaethau ni ellir gwadu ei frwdfrydedd a'i gariad angerddol mewn annog eraill i ymuno â'r Blaid Genedlaethol. Er na fyddai cynnwys ei lythyrau yn ddarlun cywir o bell ffordd o wir sefyllfa'r Blaid, mae'r ohebiaeth isod o'i eiddo yn batrwm o lythyr ar gyfer denu aelodau i rengoedd y Blaid. Yn arferol un frawddeg yn amgáu ffurflen aelodaeth fyddai llythyr o'r fath ond yma mae'r cynnwys yn bositif ac yn llawn brwdfrydedd gydag anogaeth lwyr i ymaelodi â'r Blaid Genedlaethol. Dyma'i ymateb i ymholiad un Mr. Jones am y Blaid.

> Annwyl Mr Jones,
>
> Ar gais un o'n h'aelodau yn Llundain, yr wy'n amgau ffurflen y 'Blaid Genedlaethol' i chwi, gan hyderu y gwelwch eich ffordd yn glir i ymuno a ni.
>
> Y mae golwg lewyrchus iawn ar y Blaid, aelodau newydd yn dod i mewn yn ddyddiol, y cyfarfodydd cyhoeddus yn cael cefnogaeth dda, a rhagolygon disglair am yr Ysgol Haf gynhelir yn Machynlleth diwedd Awst.
>
> Gwahoddwn chwi yn gynnes i ymuno a ni. Yn sicr, yn y Blaid Genedlaethol yn unig y mae gobaith Cymru.
>
> Cewch danysgrifio yn ôl ewyllys eich calon.
>
> Yn gywir iawn
>
> H.R. Jones[9]

13

Marwolaeth H.R.

AR 17 MEHEFIN 1930 bu farw H.R. yn ŵr ifanc 36 oed. Wrth gwrs i nifer oedd yn ei adnabod nid oedd hyn yn newydd annisgwyl gan ei fod wedi dioddef ac ymladd ei gyflwr iechyd yn ddewr dros y blynyddoedd. Bu farw ychydig wythnosau cyn Ysgol Haf y Blaid yn Llanwrtyd ym mis Awst y flwyddyn honno.

Pan glywodd Kate Roberts am ei farwolaeth dyma oedd ei hymateb.

> A dyna Huw Jôs yn ei fedd!
>
> Mae'n chwith meddwl am y Blaid heb HR. Fe wnaeth filoedd o gamgymeriadau a byddai dyn yn ei regi'n aml, ond rywsut yn maddeu iddo wedyn yn rhwydd. Y gyfrinach fawr yn ei fywyd ydoedd y gallai wneud rhai pethau anodd iawn mewn dull distaw. Fe aeth a'r gwynt o'm hwyliau i ym Machynlleth pan drawodd ei law ar f'ysgwydd a gofyn imi ddyfod i arwyddo'r papur a'm rhwymai wrth y Blaid.[1]

Fe gafodd Saunders Lewis wybod gan Mai Roberts, ac er mai ei ddymuniad oedd cael bod yn yr angladd roedd ganddo gyfarfod arholwyr y B.A. a'r M.A. ar y dydd Sadwrn hwnnw yn y Brifysgol yn Abertawe. Oni bai am hynny mi fyddai wedi bod yn bresennol. Yn ei absenoldeb roedd wedi gofyn i Lewis Valentine gyflwyno'n swyddogol gydymdeimlad y Blaid i deulu H.R. yn ogystal â'i gydymdeimlad personol yntau fel Llywydd y Blaid. Hefyd trefnodd drwy Lewis Valentine fod torch yn cael ei danfon yn ei enw ef. Gofynnwyd i Moses Gruffydd, Trysorydd y Blaid, anfon un yn swyddogol ar ran Pwyllgor Gwaith y Blaid.[2]

Cynhaliwyd yr angladd ar ddydd Sadwrn glawog iawn, 21 Mehefin, a daeth torf fawr i dalu eu gwrogaeth olaf iddo. Cyn mynd i'r fynwent yn Eglwys Crist Llandinorwig yn Neiniolen fe gynhaliwyd gwasanaeth byr wrth ei gartref yn 15 Lle Caradog a chychwyn gydag emyn a darllen darn o'r ysgrythur. Yna, yn absenoldeb Saunders Lewis dywedodd y Parch. L.E. Valentine ei fod ef yn ei gynrychioli a rhoddodd deyrnged uchel i'r gwaith a'r aberth a'r cariad angerddol a ddangosodd H.R. dros Gymru.

'Ni bu enw anwylach gennym ni nag enw 'H.R,' meddai. 'Cofiwn am ei diriondeb a'i gwrteisi. Yr oedd iddo le cu iawn yn ein calonnau. Ni allai neb amau cywirdeb cariad 'H.R' at Gymru a'i phethau gorau. Yr oedd y gair 'Cymru' wedi ei argraffu ar galon H.R. Gweithiodd yn ddiflino drosti; teithiodd o Gaerdydd i Gaergybi drosti heb ei arbed ei hun. Ni welodd Cymru yn ystod y genhedlaeth hon neb a'i carodd yn llwyrach na neb a weithiodd yn ddyfalach drosti.'[3]

Dilynwyd hyn gyda gweddi cyn cychwyn ar orymdaith o'r tŷ i'r fynwent oedd yn cael ei arwain gan adran Deiniolen o Urdd Gobaith Cymru a sefydlwyd ac a hyrwyddwyd am gyfnod maith gan H.R.

Wrth y bedd cafwyd teyrnged arbennig i H.R. gan yr Athro J.E. Daniel, Bangor. Disgrifiodd ef fel 'Un o'r dynion dewraf a welais erioed'. Hyderai y byddai ei ysbryd yn disgyn ar y sawl a broffesai ffydd mewn cenedlaetholdeb Cymreig. 'Ni allaf fi wneud dim byd gwell wrth sefyll wrth ei fedd cynamserol na gweddio am inni oll gael ein hysbrydoli i ddilyn yn ôl ei droed'.[4]

Fe'i rhoddwyd i orffwys yn yr un bedd â'i dad a'i chwaer, Janet. Yn ogystal â'i fam a'i chwiorydd Mary ac Eleanor roedd perthnasau i'r teulu o Lerpwl, yn gefndryd a chyfnitheroedd a modrybedd, yn bresennol, yn ogystal â charfan gref o aelodau amlwg Plaid Cymru, yn eu mysg, Moses Gruffydd, Dolgellau; Dr. Lloyd Owen, Cricieth; Mai a Priscie Roberts, Deiniolen; Gwilym R. Jones, Tal-y-sarn; David Williams, Groeslon; a J.E. Jones yn cynrychioli cangen Llundain o'r Blaid.[5]

O fewn ychydig llai na phythefnos wedi'r angladd derbyniodd mam H.R. lythyr gan y Blaid (nid oes enw awdur i'r llythyr) yn adrodd 'bod Pwyllgor Bychan wedi ei alw i ystyried y priodoldeb o wneud cyfraniad bychan fel offrwm fechan i chwi yn eich profedigaeth. Drwg gennyf na allwn wneud mwy, ond mae ein dyled ar hyn o bryd dros £100. Yn ddiweddar fel y gwyddoch yr oeddym yn rhoi cyfraniad o £3 y mis at gynorthwyo yr hyn a gai H.R. o'i glwb etc. Ar ran y Blaid yr wyf yn anfon £3, sef cyfran mis Mehefin, a £5 yn ychwaneg tuag at gynorthwyo i dalu costau etc.

Gofidia y Pwyllgor na allent wneud mwy, ac unwn i gyd yn ein cydymdeimlad llwyraf a chwi, yn eich profedigaeth fawr'.[6]

Yn Ysgol Haf y Blaid yn Llanwrtyd ym mis Awst darllenwyd llythyr oddi wrth gangen Arfon yn awgrymu y byddai'n briodol i godi cronfa i gael coffáu H.R. Penderfynwyd rhoi'r mater gerbron y gynhadledd, ond barnwyd mai doeth fyddai peidio â brysio, ond aros am flwyddyn ac yna cael coffadwriaeth deilwng i H.R. Ni ddaethpwyd ar draws tystiolaeth bod hyn wedi digwydd.[7]

Erbyn diwedd mis Awst bu raid i chwaer H.R. sef Elinor gysylltu gyda Moses Griffith, Trysorydd y Blaid i ddweud bod yr hyn a aberthodd ei brawd er mwyn y Blaid wedi ei arwain i ddyled yn y banc.

Roedd y banc wedi anfon dau neu dri llythyr ati yn

dweud bod yn rhaid setlo'r ddyled erbyn canol mis Medi. Soniodd bod ei mam yn wraig weddw ac yn dibynnu yn hollol ar ei phensiwn o 10/- yr wythnos ac oherwydd hynny ei bod yn amhosib iddi dalu'r ddyled. 'Gwyddoch sut yr oedd pethau yn sefyll rhwng fy mrawd a'r Blaid', meddai. 'Nid oes gennym neb i ddweyd dim wrthym, a hyderwn y gellwch ein cyfarwyddo beth iw wneud ynglyn a'r mater hwn.'[8]

O wybod am ei agwedd ffwrdd â hi gyda'i arian ei hun ac yn ei ymwneud â'r Blaid, efallai nad oedd cael gwybod am y ddyled yn fawr o syndod. Yn ei deyrnged i H.R. bu i Saunders grynhoi i'r dim agwedd H.R. tuag at arian.

> Ym mhethau'r byd mewn materion busnes, yr oedd megis plentyn. Yr oedd yn gwbl anghofus a difater am ei boced ei hun, am ei ddyfodol, a hyd yn oed am bob mater bara a chaws a swllt a phunt.[9]

Er i'r Blaid gydnabod derbyn llythyr chwaer H.R. ni chlywyd dim byd ymhellach gan y trysorydd a bu iddi ysgrifennu unwaith yn rhagor ato ar ddiwedd Tachwedd. Yn y llythyr hwnnw mae'n sôn iddi yn y cyfamser dderbyn llythyr gan Lewis Valentine yn dweud bod y Pwyllgor Gwaith yn mynd i ystyried y mater ond ei bod heb glywed dim byd pellach.[10]

Yn y cyfamser roedd Saunders wedi anfon at Valentine yn dweud y byddai yn well anfon at Elinor yn cynnig £10 iddi a bod y swm yma'n cael ei gydnabod fel rhodd ac nad oedd arni unrhyw ddyled i'r blaid.[11]

Teyrngedau i H.R.

YN DILYN EI farwolaeth cafwyd teyrngedau lu gan nifer o aelodau amlwg y Blaid Genedlaethol i H.R. Dyma gofnodi rhai o'r teyrngedau hynny gan eu bod yn dangos gymaint o edmygedd a pharch oedd ganddynt i H.R. fel unigolyn ac i'w waith diflino a'i gyfraniad aruthrol i'r Blaid Genedlaethol. Cyhoeddir y teyrngedau'n llawn er mwyn gwneud cyfiawnder â hwy. Daw'r rhan fwyaf ohonynt o'r *Ddraig Goch*, Awst 1930.

Teyrnged Saunders Lewis

Credwn ei bod yn gywir dweud mai H.R. Jones a sylfaenodd y Blaid Genedlaethol Gymreig.

Ef hefyd, yn groes i farn a chyngor ei gydweithwyr mwy ofnus, a sefydlodd ac a gychwynnodd *Y Ddraig Goch*.

Ef, yn fwy na neb arall, a haedda'r clod am drefnu i ymladd etholiad seneddol Sir Gaernarfon ar ran y Blaid Genedlaethol, yr etholiad cyntaf erioed yn hanes Cymru y bu Cenedlaetholwr Cymreig yn ymgeisydd ynddo.

Dyna dair ffaith yn hanes bywyd byr H.R. Jones a rydd iddo le go ddiogel, fe dybiwn, yn hanes Cymru yn y cyfnod a ddilynodd y Rhyfel Mawr. Mewn gyrfa fer, a lesteiriwyd yn enbyd gan afiechyd hir a phoenus, gwnaeth waith a erys ar ei ôl, newidiodd nid ychydig ar hanes ei wlad. I fachgen na chafodd ond ychydig iawn o fanteision ac addysg brin, nid camp fechan nac anenwog a wnaeth.

Bûm i yn llywydd y Blaid Genedlaethol drwy'r cyfnod y bu H.R. (fel y galwai pawb ef) yn drefnydd cyflogedig iddi. Ond gan ein bod yn byw yn bell oddi wrth ein gilydd, ni allaf sôn amdano ond o brofiad cydweithio mewn pwyllgorau a thrwy lythyrau. Gwn fod ochrau eraill i'w gymeriad heblaw honno a ddangosai yn ein pwyllgorau a'n hysgolion haf. Fel gweithiwr dros Gymru yr adnabûm i ef.

Yr oedd yn freuddwydiwr ac yn weledydd. Chwefror 26, 1925 y gwelais ei lawysgrif gyntaf erioed, mewn llythyr a'm gwahoddai i ymuno â Phlaid Genedlaethol Cymru. 'Mae gobaith am iachawdwriaeth Cymru yn ein calonnau', meddai ef y tro hwnnw. Dewisodd y gair iawn i'w ddisgrifio'i hunan: gŵr â Chymru yn ei galon oedd H.R. Nid wyf yn tybio y gallai neb fyth ei charu hi'n burach na symlach, ei charu heb ofyn dim yn ôl ganddi, ei charu â'i holl galon.

Ym mhethau'r byd, mewn materion busnes, yr oedd megis plentyn. Yr oedd yn gwbl anghofus a difater am ei boced ei hun, am ei ddyfodol, a hyd yn oed am bob mater bara a chaws a swllt a phunt. Gwylltiai ei gyd-weithwyr yn aml wrtho am hynny; âi yntau yn ei flaen a'i gariad at Gymru fel lamp dan ei fron, fel na allai na gwynt beirniadaeth na dwrdio cyfeillion oeri dim ar ei frwdfrydedd. Yr oedd yn ein plith ni fel un o seintiau'r oesoedd bore, a'i lygaid ar ddydd iachawdwriaeth Cymru.

Ef oedd y puraf ohonom. Yr unig droeon y clywais ef yn beirniadu neb oedd pan gymerai rhai cenedlaetholwyr swyddi yng Nghymru a rwystrai iddynt weithio'n gyhoeddus dros y Blaid. Ni allai H.R. ddeall neb ohonom yn rhoi gyrfa bersonol, gyrfa academig neu yrfa fusnes, o flaen gwaith y Blaid. Iddo ef yr oedd bywyd yn syml iawn – cadw enaid a chorff ynghyd tra gellid, a gweithio dros genedlaetholdeb Cymru. Dywedir weithiau mewn beirniadaeth arnom ein bod yn Sinn Ffeiniaid Cymreig. Er drwg ac er da, y mae'n bell oddi wrth fod yn wir amdanom. H.R. oedd yr unig un yn ein plith y gellid dychmygu am Michael Collins yn rhoi swydd iddo, un a wnâi unrhyw beth, heb falio am ganlyniadau, os dygai ddydd rhyddid Cymru yn agosach. A'i anturiaeth ef, fel y dangosais ar y cychwyn, a wnaeth y tair camp bwysicaf hyd yn hyn yn ein datblygiad ni.

Gyda hynny yr oedd yn addfwyn a llednais yn ei holl ymwneud â dynion. Dyna swyn ei gymeriad. Dywedodd llawer un o bryd i'w gilydd: 'Ni allaf i wrthod dim i H.R.' A bu hynny o werth i'r Blaid. Esboniai ei lwyddiant. Yr oedd yn dawel a diymhongar ac yn hoffus, yn fonheddig wrth bawb. Gweithiai dan anfanteision dygn; yr oedd ei ewyllys yn drech na'i gorff a chadwodd ef mewn harnais pan ddylasai fod yn gorwedd. Hyd yn oed yn ei lythyrau olaf ni soniai ond am wella ac ail-ddechrau ar bropaganda: 'Byddaf gyda chwi yn Llanwrtyd.' Fe fydd hefyd. Ni bydd yn weladwy mwyach, ond bydd ei ysbrydoliaeth ef yn aros yn hir yn y Blaid ac nis anghofir gennym. Yr oedd yn un annwyl gan bawb.

A gawn ni rai eraill tebyg iddo? Y mae un peth yn ddiogel; rhaid i'r gwaith a gychwynnwyd gan H.R. a'r Blaid a sefydlwyd ganddo, fynd yn eu blaen. Gobeithiwn hefyd na chollir yr elfen o anturiaeth oedd yn ei gymeriad ef allan o'r Blaid, yr erys ynddi yr ewyllys i fentro mwy nag y sy'n ddiogel, canys heb dipyn go lew o'r ysbryd hwnnw ni lwydda mudiad cenedlaethol heddiw. Tuedda rhai i gwyno oblegid gwario gennym dri chant a hanner o bunnoedd ar etholiad seneddol Sir Gaernarfon. Tybiant na bu'r llwyddiant yn ddigon i gyfiawnhau'r draul.

Ein cred ni yw mai gwych iawn oedd yr anturiaeth ac fe'i cyfiawnhawyd yn hael. Yr oedd polisi H.R. yn gryf mewn pethau fel hyn; mynnai ef i'r Blaid anturio yn y fath fodd fel na ellid ei hanwybyddu hi, fel y gorfodai sylw'r wlad. Gwnaeth etholiad Caernarfon hynny. Yr etholiad hwnnw a sicrhaodd i Gymru fod y Blaid yn mynnu ac yn gorfodi sylw. Gwnaeth wahaniaeth pendant a pharhaol i gwrs gwleidyddiaeth Gymreig. Y mae anturiaeth, mentro beiddgar, yn rhan hanfodol o ddoethineb politicaidd. Yr oedd gan H.R. Jones y synnwyr hwnnw. Gobeithio y daw eraill i'w ddilyn ef a chanddynt ddeuparth ei ysbryd.

Gyda'i farwolaeth ef daw cyfnod yn hanes y Blaid Genedlaethol i'w ben. Buasai llafur H.R. Jones yn ysgafnach a'i bryder yn llai pe rhoisai holl aelodau'r Blaid, yn ei dymor ef o wasanaeth, gymorth sylweddol mewn cyfraniadau rheolaidd i gronfa'r Blaid. Llesteiriwyd ei waith yn enbyd gan ddiffyg arian. Ond gwelsom hefyd yn ystod y chwe mis diwethaf, wedi ei daro ef yn rhy wael iddo fedru gweithio, bod y gwaith a phropaganda'r Blaid, heb drefnydd i roi ei holl amser iddynt yn colli'n ddybryd. Yn awr, a fynn ein haelodau i'r gwaith da wnaeth H.R. Jones barhau a chynhyddu'n sylweddol. Syrth gormod lawer o faich y Blaid ar ychydig bach o aelodau'r Pwyllgor Canol a rhai selog eraill rhai nad ydynt gefnocach na gweddill eu cyd genedl. Ni all y Blaid Genedlaethol ddewis olynydd i H.R. Jones na sicrhau fel y dylid parhad didor ei waith ef heb gymorth buan a chyson. Nid yw edmygu aberth a bywyd H.R. Jones yn ddigon. Rhaid i ni geisio ei ddilyn ef. Maddeuer inni ein bod wrth ffarwelio ag H.R. yn sôn am y dyfodol, ond dyna a ddymunai ef ei hun. Ei gofgolofn ef fydd y gwaith yn tyfu.[1]

Teyrnged y Parch. L.E. Valentine

Gwaith prudd ac anodd iawn ydyw sgrifennu f'atgofion personol am H.R. Jones, canys y mae llawer i'w ddywedyd, a byddai sgrifennu'r cwbl a ellir yn golygu adrodd holl helynt a hynt y Blaid Genedlaethol o'i chychwyn.

Pa bris bynnag a roddir ar wasanaeth H.R. i'r Blaid Genedlaethol, y mae'n siŵr gennyf na fuasai'r dyhead a'r awydd amdani wedi byw yn Sir Gaernarfon, onibai am dano ef, ac i'w egni ef y mae diolch yn bennaf fod cystal llewyrch arni yn y Gogledd heddiw.

Hyd rhyw wyth mlynedd yn ôl nid oeddwn wedi clywed

yngan ei enw, a chofiaf yn dda am y bore y derbyniais ei lythyr cyntaf ataf yn fy ngwahodd i gyfarfod o Ymreolwyr a gynhelid yr wythnos wedyn yng Nghaernarfon.

Gŵyr pawb rwydded gwaith oedd sgrifennu llythyrau i H.R. a chenfigennais ganwaith wrth ei ddawn, ac er derbyn ohonof ganddo gannoedd o lythyrau o dro i dro, ei lythyr cyntaf ataf oedd y llythyr pwysicaf a dderbyniais erioed.

Trwy y llythyr cyntaf hwn y clywais yr hyfryd lais, a thrwyddo hefyd y rhoddwyd cyfeiriad newydd spon i'm bywyd a phrin y bu i mi awr anniddorol na diflas wedyn, o leiaf, prin y cefais awr segur, canys nid oedd segurdod i neb a gydweithiai â H.R.

Yn wir, prin y cefais hamdden i briodi ganddo, canys ymysg y gwifrau a ddarllenwyd wrth y bwrdd brecwast dydd fy mhriodas oedd un gan H.R. a'i gynnwys oedd, 'Ewch i Lanfairtalhaiarn i annerch cyfarfod heno.'

Ond sôn yr oeddwn am y bore y derbyniais ei lythyr cyntaf, a phrin yr oeddwn wedi darllen hwnnw pan hysbyswyd fi fod rhywun yn y drws yn holi am danaf, a daeth i mewn i'r ystafell ŵr gwelw a gwachul yr olwg arno, canys yr oedd arno'r pryd hwnnw nodau y clefyd a'i dug ymaith yn y diwedd, a chlefyd a fuasai wedi ei ddwyn oddiwrthym ynghynt onibai i'w angerdd dros Gymru a'r Blaid Genedlaethol brofi'n drech nag ef.

Teithiasai y pryd hwnnw yr holl ffordd o Ddeiniolen er mwyn egluro'n amgenach i mi gynnwys ei lythyr, ac ystyr y mudiad newydd oedd ar gychwyn yn y Sir.

Rhyfeddais y pryd hynny, a rhyfeddaf eto, at ei egni dibaid a'i frwdfrydedd tanbaid dros ennill rhyddid i Gymru, a chofier nad oedd yr adeg honno yn derbyn dimai goch gan neb am ei wasanaeth, a gwariai'n hael ar deithio'r wlad i ennyn diddordeb gwŷr a merched yn yr achos. Nid yn unig gwariodd bunnoedd prin ar deithio, ond dug hefyd gostau argraffu mân bamffledi, a phrynu llyfrynnau ar gwestiwn cenedlaetholdeb mewn gwledydd bychain.

Bûm gydag ef ar hyd a thraws gwlad yn annerch cyfarfodydd, a dyddiau anodd a digalon oedd y rheini. Nid oedd gennym organ na chynllun na chronfa na pholisi pendant, a thestun hwyl yn aml heddiw ydyw'r pethau ynfyd a ffôl a ddywedasom mewn llawer cyfarfod, ond bu'r ddisgyblaeth yn werthfawr, er gorfod talu'n ddrud am dani. Nid oedd H.R. yn huawdl, ac unwaith yn unig y clywais ef yn annerch cyfarfod cyhoeddus a hynny yn Nhrefriw ar noson enbyd o ddrycinog, a chofiaf fel y crynai'r papur oedd yn ei law pan siaradai, ond dangosodd yr araith honno mor llwyr oedd ei feistrolaeth ar hanes ymdrech y Gwyddyl am eu rhyddid.

Ychydig o ofod sydd gennyf i draethu am ei deyrngarwch trwyadl i mi yn ystod yr etholiad diwethaf, a'r gwaith dirfawr a gyflawnodd trwy ddarllen y llyfrau sychion a gynnwys y mân ddeddfau a'r rheolau sydd yn rhaid i bob ymgeisydd seneddol eu gwybod.

Arno ef hefyd y bu'r baich o drefnu cyfarfodydd mynych, a mynnodd deithio yn ei wendid a'i ludded drwy'r sir anhygyrch hon i ofalu nad oedd dim yn tarfu ar y trefniadau hynny.

Mawr oedd ein pryder am dano yn ystod y dyddiau hynny, a gwrid afiach ei ddeurudd yn dangos inni berycled oedd cyflwr ei iechyd, ond er crefu llawer arno, ni fynnai orffwys a thrwy drais y cafwyd ef i'w wely lawer noson a ninnau yn gorfod aros ar ein traed i gyfeirio amlenni'r etholiad.

Yr oedd yn freuddwydiwr mawr, a hyfryd gennyf heddiw ydyw cofio am yr oriau a dreuliasom yn cerdded glannau Conwy, neu'n rhodio'n ysgafala ar ben y Gogarth, a H.R. yn adrodd wrthyf gyfrinach y blodau gwylltion a'r llysiau prin a dyf yno.

Dywedwyd am weithiwr mawr arall dros ei wlad, 'A'i enw a gerddodd hyd at eithafoedd y ddaear; ac efe a gasglodd y rhai oedd ar ddarfod am danynt.' Hyn hefyd a wnaeth yntau, a theyrnged brydferth i'w goffadwriaeth a fydd trefnu pererindod bob blwyddyn i 'fan fechan ei fedd'.[2]

Teyrnged D.J. Williams

Y tro cyntaf y deuthum i, i wybod am Mr. H.R. Jones ydoedd rywbryd yn ystod 1925. Derbyniaswn lythyr oddiwrtho yn gofyn i mi ymuno â rhyw fudiad Ymreolaeth i Gymru a gychwynesid yng Nghaernarfon. Yr oeddwn i eisoes yn aelod o ryw garbonari bychan yn y De a weithiai i'r un cyfeiriad.

Nid oedd y llythyr hwn yn trin yr 'r' a'r 'n' yn hollol Forrisaidd; a meddyliwn ynof fy hun pwy yn y byd mawr a allasai'r gwerinwr di-goleg hwn fod a feiddiai sôn am Ymreolaeth i Gymru. Onid eiddo'r Brifysgol a'r Salvation Army yw hawlfraint yr achub? Fodd bynnag, ymuno a wneuthum i, a phob aelod arall o garbonari'r De, yn eiddgar a dibetrus â'r mudiad yng Nghaernarfon. Peth diweddar yw'r carthu gwddf a'r ysgwyd pen difrifol cyn ymuno â'r Blaid a welir yn awr ymhlith rhai o'r bobl hynny a fynn eu bod hwy gystal Cymry â neb. Y mae'r rhain i gyd bellach wedi sylweddoli fod y Blaid Genedlaethol yn cynnig ar rywbeth o ddifrif – yn hytrach na siarad yn y gwynt. Yr adeg honno yr oedd pawb nad oedd ofnus a drwgdybus wrth natur yn llamu at y Blaid fel y peth y buasai'n breuddwydio am dano ar hyd ei oes – o'r crwtyn pedwar ugain, yr hybarch Lewis Williams, i'r llances bedair ar ddeg. Canlyniad hyn a fu Ysgol Haf gyntaf y Blaid Genedlaethol a gynhaliwyd ddiwedd Awst 1926, yn hen senedd-dy Owen Glyndwr. Nid anghofia neb a fu yno frwdfrydedd yr wythnos honno ym Machynlleth.

'Y mae'r tric wedi'i 'neud, 'y ngwas i,' meddai Ben Bowen Thomas wrthyf, a'r pefr yn ei lygaid byw, dwyreiniol. Gwyddwn innau nad oedd Ben byth ymhell o'r marc. Ac i'r breuddwydiwr llwyd, di-goleg, a di-swyn i lawer un, a'i beswch yr adeg honno yn friw i galon ei gyfeillion, y mae'r diolch yn bennaf o neb am hynny. Ef, y distadlaf o honynt i gyd yn ei feddwl ei hun a heliodd y briwydd at ei gilydd o Dde a Gogledd, ac a osododd y fflam iddynt o goelcerth llosg ei enaid ei hun.

Digwyddodd tro arall a erys yn hir yn fy nghof yn ystod Ysgol Haf Llandeilo, yn 1928. Yr oedd yr Ysgol wedi mynd am bererindod i Bantycelyn. Ar y ffordd yn ôl disgynnodd cawod lled drom o law, ac aeth nifer o'r cwmni i gysgodi i'r capel cyfagos ym Mhentre Tŷ Gwyn, gan ddisgwyl yr hin dda drwy ganu emynau. Nid oedd fy nhelyn i yn rhyw hwyliog iawn ar y pryd, a theuliodd H.R. a minnau ran o'r amser yn 'whilia â'n gilydd', ys dywed gwŷr Shir Gâr, dan y llwyni tewion yn nhop y fynwent. Yr oedd H.R. yr adeg honno newydd gladdu ei dad fel y cofir, ond yn cadw ei deimladau o dan reolaeth cwbl gadarn.

'A shwd ma'r hen beswch 'na'n awr, H.R.,' gofynnwn i, wedi ei glywed yn pesychu'n galed ryw ychydig funudau ynghynt. Trodd ei lygaid mawrion ataf – nid anghofiaf byth yr olwg arno; a meddai mewn llais isel, 'Y mae hi wedi darfod arna'i, D.J. i feddwl am gael gwared o hwn,' ac ychwanegai yn union 'Fe weithia'i hyd yr eithaf dros y Blaid, tra dalia'i. Ac yna, fe gewch chi rywun arall, gwell na fi.' Y funud honno, gwelais fod y gwir creulon yn ei eiriau dwys.

'Hei drychwch, H.R.,' meddwn i, 'dyco hollt yn y cwmwl fan draw. Y mae hi'n uchel gynffon buwch, fel y dywedai mam gynt, ers amser yn Rhydcymerau.' Wn i ddim a lwyr welodd H.R. dro llenyddol y dyfyniad ai peidio; ond gwn mai hollt garedig i mi a fu'r hollt honno yn y cwmwl. Oherwydd gyda hwn gwelwn gern dal R.T. Jenkins ac ereill gydag ef, yn diogel gewco am dywydd heibio ochr y capel.

Derbyniai H.R. gerydd yn llariaidd fel plentyn. Weithiau, arweinid ef gan ei sêl a'i frwdfrydedd i fod dipyn yn fyrbwyll ac annoeth yn ei drefniadau; a byddai'n rhaid i'r Pwyllgor Canol ddweud gair wrtho am hynny. Ond fe gymerai'r cyfan yn yr ysbryd caredicaf. Yn ystod y pum mlynedd diwethaf fe dderbyniais i rai ugeiniau o lythyron (gan gynnwys biliau) oddiwrtho. Nid oedd llonydd i'r annuwiol gan H.R. Yr oedd sêl y Blaid yn ei ysu; ac yr oedd eisieu gwneud rhywbeth, neu eisieu barn ar ryw awgrym o'i eiddo, yn barhaus. Gallaf ddweud yn onest, ac yntau'n awr wedi cefnu: yng nghanol digon o brysurdeb yn aml, ceisiais, hyd y gallwn, ateb cais H.R. bob tro, heb oedi dim. Fe'm cywilyddid i'w gynorthwyo gan gymaint ei ymdrech a'i onestrwydd tanbaid gyda'i waith.

Nid H.R. oedd y trefnydd mwyaf trefnus a allasai'r Blaid Genedlaethol ei gael ar ddechrau ei gyrfa. Ond pwy a ŵyr yn y pen draw nad efe oedd y trefnydd doethaf yn yr ystyr ysbrydol? Rhoddodd argyhoeddiad newydd yng nghalonnau ugeiniau a channoedd o'i gyd-genedl fod Cymru yn rhywbeth i fyw drosti, ie, a marw drosti hefyd, pe dôi gofyn. Ni allasai'r medrusrwydd pennaf fel trefnydd cyflogedig, na'r ddoethineb ymarferol cliriaf, fyth greu peth fel hyn. Aberthodd fel afradlon ei gyfan er mwyn ei genedl. Nid medr a dawn sy'n gwneud arwr – ond aberth a dewrder. Nid medr na dawn ychwaith sy'n ennill brwydrau – ond arwyr, er marw o honynt yn aml wrth wneud, fel Padraic Pearse ac Arthur Griffith. Un o'r arwyr hyn ydoedd H. R. Jones, merthyr cyntaf y Blaid Genedlaethol.

Nid sôn am aberthu a wnâi ef, ond aberthu heb sôn. Dilynodd yr arwr di-nod hwn lwybr ei argyhoeddiad i'r pen, gan frwydro hyd farw, mewn poen a thlodi, heb ildio dim. Rhyw ddydd, efallai, os na phrofwn ein hunain yn rhy ddiwerth a materol i ddim, fe anrhydeddir ei enw gan genedl gyfan, fel un oedd yn anhraethol fwy nag y tybiodd ef ei hun erioed ei fod, ac yn fwy hyd yn oed nag y tybiodd llawer o'i gyfeillion gorau. Huned yn dawel yng nghysgodion Eryri. O ludw ei aberth doed bywyd i'w genedl.[3]

Teyrnged Kate Roberts

Breuddwydiwr oedd Mr. H.R. Jones, ac mewn oes fel oes y Crwsâd y dylsai fyw. Edrych yn beth gwrthun iddo farw yn ei wely. Dylsai gael marw yn sŵn cyhwrdd tarianau. Yn ei ddychymig ef yr oedd pethau mawr i ddigwydd i Gymru ac yn y Blaid Genedlaethol y cafodd sylweddoli rhai o'r pethau mawr hynny. Yr oedd sefydlu'r Blaid ynddo'i hun yn beth mawr, ac ym meddwl Mr. H.R. Jones y cychwynnodd hi, er mai annelwig oedd ei ffurf yn ei feddwl ef. Ni wn i am fawr undyn yng Nghymru y digwyddodd cymaint o bethau rhyfedd iddo. Fe gofia llawer amdano yn dychryn Jicks pan oedd y gŵr hwnnw'n Ysgrifennydd Cartref i Loegr.

Gan mai ym meddwl Mr. H.R. Jones y digwyddai llawer o bethau, anodd amgyffred yr hoffai dyn felly bin a phapur. Beth oedd trefn i ddyn a freuddwydiai gymaint? Ac eto, nid breuddwydion anymarferol oedd ei freuddwydion ef i gyd. Medrai ddadleu yn afaelgar ar bapur.

Cof gennyf ei lythyr imi cyn Ysgol Haf Machynlleth, pan atebai ryw bwynt a godais i yn erbyn polisïau'r Blaid. Yr oedd ei ateb yn ddi-droi'n ôl. A gallai ddyfod dros ben rhywun mewn dull tawel, diwrthod. Ni phenderfynaswn i ymuno â'r Blaid o gwbl, ond daeth H.R. o rywle tu ôl imi ym Machynlleth, trawodd fi ar f'ysgwydd, a'r peth nesaf a wyddwn oedd fy mod yn arwyddo papur aelodaeth y Blaid.

Ni wn i am well Cymro na Mr. H.R. Jones. Yn ei flynyddoedd olaf bu fyw'n gyfangwbl i Gymru. Gweithiodd, hunan-ymwadodd a hynny yn wyneb llawer o bethau a surasai bobl eraill. Ni chafodd y teyrngarwch y dylsai ei gael, gan aelodau'r Blaid hyd yn oed. Ac eto ni chwerwodd, ni roes i mewn, trysoraf yn fy nghof o hyd y tawelwch hiraethus hwnnw a'i nodweddai ef ac a nodwedda lawer o chwarelwyr Arfon.[4]

Teyrnged y Parchedig Llywelyn Bowyer

Gyda pharodwydd diffuant y cydsyniaf â'r cais i anfon 'tusw o deyrnged' i'r diweddar gyfaill hoff 'H.R.'. Un o blant 'Ebenezer', Arfon oedd H.R. a mynegodd diacon hynaf yr Eglwys, yn y Seiat gyntaf wedi ei angladd, mor falch y dylem fod i un o blant y Seiat, a'r Ysgol Sul lanw swydd mor bwysig yn hanes ein gwlad. Yn ystod y ddwy flynedd diwethaf y cefais y pleser o'i adnabod yn bersonol, a phe na ddigwyddwn goleddu'r un daliadau ag ef, ni fedrwn lai na'i barchu a'i edmygu'n fawr fel dyn ieuanc o ysbryd llednais, a gwrol. Mwynheais lawer o'i gwmni o dro i dro ar ei ymweliadau, ac ym misoedd olaf ei gystudd blin. Yr oedd yn amlwg ers amser ei fod yn edwino'n gyflym, ond syndod mor obeithgar oedd, a'i ddiddordeb yn y Mudiad Cenedlaethol yn parhau yn fflam hylosg. Bythefnos i'r diwrnod y bu farw, treuliais orig gydag ef ar lawnt gwyrddlas Glanrhydfadog. Ar brynhawnddydd hafaidd tesog – yno yn ymwroli i adennill ei nerth. Erys yr ymgom hwnnw yn fytholwyrdd. Y diwrnod canlynol cefais nodyn oddiwrtho wedi ei lawnodi ganddo, a thebyg mai hwnnw yw'r olaf a sgrifennodd. Cadwaf ef yn barchus.

Roedd elfennau'r arwr ynddo. Brwydrodd yn ddewr a thawel â'i afiechyd; ac er trymed y peswch blin, ni chwynai ddim.

Cadwodd ei addewid i gymeryd rhan mewn dadl ar agwedd neilltuol i fywyd Cymru, yn ein Cymdeithas Ddiwilliadol y gaeaf diwethaf. Edrychai'n llesg a gwannaidd pan y safai i'n hannerch. Brwydrai â'r peswch i fedru gorffen ei dasg – 'Cymru' oedd ei fater, a chlywem pwer proffwyd yn ei lais – rhyw 'Ieuan Gwynedd' ei gyfnod. Mynnodd deigryn ei ffordd o'i weled yn dadleu mor daer dros hawliau ei wlad, a'i frawddeg olaf oedd – 'Cymru er mwyn Iesu Grist'.

Gwelais ei fedd heddiw a'r blodau pêr a'i gorchuddiai ddydd ei arwyl wedi gwywo, ond plethir blodeuglwm o barch ac edmygedd gwlatgarwyr iddo, na wywir yng nghof y sawl a'i hadwenai.

Bu farw'n ieuanc, ond bydd byw yn hir. Carodd bopeth gorau Cymru, a rhinwedd ynddo ydoedd cashau ei cham. Plannodd lawer blodyn gwlatgarwch, ac ymdrechodd ei oreu i ddadwreiddio llawer draenen estronol oddiar lwybrau plant 'Urdd Gobaith Cymru Fach'. Hoffodd ei llên, a cheisiodd gadw'r iaith yn loyw; ac ni charodd y byd yn llai, am iddo garu Cymru'n fwy.

Magwyd ef yng golwg yr Elidir, yr Eilian a'r Wyddfa, a chyfaredd eu copaon hwy yn cyfeirio ei olwg at ddefrydau'i genedl hoff. Cynefin oedd â suon y corwyntoedd ar Eryri, a cherddodd drwy lawer storm i'r chwarel pan yn llanc; ac yn eu suon clywodd adsain ing ei genedl, canys yr oedd defnydd arwr ynddo. Gwarandawed ieuenctid Cymru heddiw ei alwad – 'Cymru er mwyn Iesu Grist'.

Yn oedfa fawr ei adfyd, - hwn wyliodd
Hen Walia'n ddisyflyd:
Byw gâr fydd 'H.R.' o hyd,
A gwron er brad gweryd.[5]

Teyrnged Bob Owen, Croesor

Syrffedwn wrth feddwl am glaerineb Philadelphaidd ein cenedl parthed ein harwyr gwlatgarol. A oes wlad ar y ddaear mor ddifraw ynghylch ei bodolaeth? Pe trengai gwlatgarwr o gyffelyb anianawd â'r diweddar gyfaill uchod mewn gwledydd eraill fe gawsai pob ysgol ddydd o ŵyl i alaru ar ôl y cyfryw. Nid felly yng Nghymru ysywaeth. Digon prin y gŵyr deg o bob mil o'n gwladwyr di-fater fod y fath arwr ag H.R. Jones wedi byw a bod yn wlatgarwr yng Nghymru.

Tlawd iawn yw'r genedl honno na fedd wlatgarwr i'w glodfori, ac arwydd o nychtod cenedlaethol ydyw y ffaith na fyn corff mawr o'r genedl gydnabod y cyfryw un. Gwaith hawdd yw cofio bod yn wlatgarwyr ar Ŵyl Ddewi wrth geisio coffa Sant a gwlatgarwr flodeuodd mor bell yn ôl â 1500 mlynedd. Beth bynnag am Ddewi yr ydym wedi anghofio ei ddelfrydau ers canrifoedd ac wedi gwyro oddi wrth egwyddorion a bregethai ef. Ac os genir dyn o gyffelyb feddwl iddo yng Nghymru y dyddiau hyn, wfftir ef, gan rai sydd wedi meddwi ar Imperialaeth ddall. Rhaid dywedyd mai rhyw fath o 'gwpwrdd tridarn' yw yr iaith gan filoedd, rhyw declyn i'w anwylo fel rhywbeth a fu o fri a defnyddioldeb rywbryd, rywdro, ond nad yw dda i ddim mewn oes fel hon.

Yr ydym yn falch o gael rhoi geirda i'r diweddar gyfaill uchod, fel un a gafodd y wir weledigaeth, un a safodd yn deyrngar i'w wlad er gwaethaf dirmyg gelynion a chyfeillion, un a ddygnodd ei oreu glas i geisio gennym fod yn bur i'n hiaith ac i'w delfrydau, un a aeth yn amhoblogaidd gan boblach gwasaidd a melfedaidd, ac un na throdd yn ôl yn y frwydr hyd y munud olaf.

Gwytnach gwlatgarwr erioed ni chafwyd yng Nghymru. Aethai ei wlad yn nwyd iddo. Amddiffyn ei hawliau hi ydoedd ei unig nod.

Cofiwn yn dda am yr erthyglau rhagorol a anfonai i'r *Herald Cymraeg* ar yr angenrheidrwydd o sefydlu plaid a safai dros hawliau Cymru, ac iddo ef yn anad neb y dylem ddiolch am ddechreu cynneu y fflam yn yr erthyglau gwresog hynny. Cawsom ni gyfle i gydbwyllgora ag ef mewn tŷ bwyta yng Nghaernarfon yn gynnar yn hanes y mudiad, a balch oeddym o weled gwron fel efe yn datgan yn groyw ac eglur am y camwri a dderbyniasai Cymru oddi ar law y bobl aethent i'r Senedd Prydeinig tan esgus myned yno i'w gwasanaethu.

Llegach iawn fu ei iechyd ers y pryd yr adwaenem ef, a'r hen glefyd nychtod wedi cydio ynddo. Poen i ddyn oedd ei glywed yn pesychu mor aml. Er gwaethaf ei wendid corfforol a'i salwch blin, daliai ati yn ddygn i wthio yr egwyddorion a gredai ef mor ddiysgog ar y genedl a garai mor fawr.

Methodd ei salwch ag arafu ei weithgarwch ef. Yr oedd fel pe'n brysio gwneuthur ei waith o geisio rhyddhau ei genedl, cyn dyfod dydd ei ymddatodiad. Ymddangosa i ni bob tro fel petai y wlad y trigai ynddi yn bwysicach lawer na'i gorff brau ef. Poenai efe fwy o lawer ynghylch y nychtod a gydiasai yn ei genedl, nag yn ei nychtod ei hun. Dyma y gŵr dewraf a welsom ni erioed. Byth yn grwgnach ynglŷn â'i iechyd, ac ni rwgnachai ychwaith pe gwnâi rhai o'i gyfeillion dro sâl ag ef. Mawr oedd ei ffydd, a chredai y deuai y genedl sydd mor glaer a difraw heddiw ati ei hun yn y dyfodol agos.

Yr oedd H.R. Jones yn ormod o ddifrif gyda'i waith o achub y genedl Gymraeg, fel nad gwiw tybio y lluddir y mudiad a gychwynnodd ar chwarae bach.

Pob mudiad a gafodd oreu dau neu dri o ddynion ar ei gychwyn y mae'n sicr o fyw, a chynyddu. Plannodd H.R. Jones yr hedyn, a hyderwn bellach y tyf yn blanhigion cedyrn. Gadawodd i ni gymyn gwerth i'w etifeddu.

Chwith yw meddwl na chawn mwyach ysgwrs ynghylch 'y pethau' ac na chawn ei weled yn ymddiddori ac ymgolli ynglyn â phamffledau y Blaid ac â'r *Ddraig Goch*. Ni bydd yn ein profocio bellach â phost-cardiau, ond gwyddom y bydd iddynt fod yn arwydd o sêl a brwdfryded H.R. Jones hyd ddiwedd amser.[6]

Teyrnged Gwilym Williams

Y Llungwyn y gwelais H.R. ddiwethaf. Yr oedd ei wedd yn fwy gwelw nag erioed, y peswch yn llai, – nid oherwydd unrhyw wellhad ond oherwydd cynnydd ei lesgedd – ei lais yn wan, a'i anadl mor fyr nes gorfod iddo aros ar ôl pob brawddeg. Yr oedd yn amlwg bod y babell frau yn prysur ymddatod ond yr oedd ei ysbryd mor fyw a di-ildio ag erioed. 'Mae'r Blaid yn cynhyddu o hyd; ymunodd amryw o ŵyr rhagorol â hi eleni,' meddai wrthyf. Iddo ef nid oedd ei haflwyddiant yn bosibl.

Cryfder H.R. oedd ei ffydd, ei benderfyniad di-ildio

a'i ddyfalbarhad yn wyneb pob anhawster. Parhaodd felly i'r diwedd. Soniodd am India ac Iwerddon. Hanes Iwerddon mi gredaf ddeffrodd ei ddiddordeb gyntaf mewn cenedlaetholdeb, ac ni fyddai byth mor ddiddorol â phan siaradai am Iwerddon ac Arthur Griffith. Ond, fel arfer, gorffennai'r ymgom gyda Chymru, ac ar y nodyn bod yn rhaid aberthu, os nad dioddef, a hynny am gyfnod hir cyn y deffroid Cymru i sylweddoli ei chyflwr, adfer ei hunan-barch ymhlith gwledydd ac ennill ymreolaeth. Anobeithiodd sicrhau dim byth o Loegr. Ar dir Cymru yr oedd y frwydr i'w hennill. Yr oedd ei gariad at Gymru fel eiddo llanc at ei ddyweddi. Mynwesai'r enw a a chofleidiai'r breuddwyd o Gymru Rydd Gymreig a dorrodd ar draws ei lwybr. Nid ofnodd aberthu er ei mwyn. Dangosodd Cymru i ugeiniau ohonom, deffrodd ein diddordeb ynddi a bydd y cof am ei aberth yn ysbrydoliaeth inni yn hir.[7]

Teyrnged J.E. Jones

Perthyn ef i'r cyfnod cynharaf, ac mae'n iawn iddo gael ei enwi'n gyntaf yma hyd yn oed, canys ef yn anad neb a gychwynnodd y Blaid. Ni wn, ac ni ŵyr neb, pa bryd na pha fodd y sefydlesid Plaid Genedlaethol Cymru oni bai am yr ysfa a'r tân ynddo ef i'w sefydlu; oni bai am hwnnw, efallai y byddai'r cyfle wedi ei golli yn y genhedlaeth honno.

Yr wyf eisoes wedi adrodd am ei lafur diflino, yn trefnu ac annerch cyfarfodydd, yn dosbarthu llenyddiaeth, yn teithio tros y siroedd i hyn, yn anturio cychwyn cyhoeddi'r *Ddraig Goch*, yn trefnu'r Ysgolion Haf a'r holl waith arall.

Nid trefnydd trefnus mohono, ond yr oedd ganddo nodweddion dengwaith pwysicach; gweledigaeth o Gymru rydd, angerdd i ffurfio mudiad i'w hennill, ffydd ddiderfyn yr enillid y rhyddid hwnnw, ysbryd cwbl hunanaberthol – ysbryd mentr hefyd – a rhyw addfwynder a'i gwnâi'n gydweithiwr hawdd. Cefais gryn dipyn o'i gwmni rhwng 1926 a 1930, a dyna fel y gwelais i ef. Yr oedd yn welw ei wedd gan afiechyd, eithr gyda fflach yn ei lygaid, a gwên yn barod i lonni ei wyneb.

H.R. a gychwynnodd y mudiad mwyaf yn hanes Cymru.[8]

Teyrnged Gwilym R. Jones

Ber a fu taith H.R. a'm braint i, ei gyd-bererin, oedd cael cyd-deithio gymaint gydag ef ar hyd-ddi. Cawsom aml i ystelc gofiadwy ar rai o'r croesffyrdd, a gallwn ysgrifennu'n helaeth am fy nghydymaith glew a'n profiadau rhyfedd, eithr ni chaniatâ gofod hynny.

Cofiaf, yn anad dim, dair croesffordd ddyrys ym mywyd ein trefnydd, a fflachia o flaen fy llygaid heddiw dri darlun:

1. Nos Sadwrn ym mis Medi, oddeutu naw mlynedd yn ôl, a thua deugain ohonom yn ymgynnull i dŷ bwyta yng Nghaernarfon. Yr oedd yna athrawon, chwarelwyr, pregethwyr, meddyg a gwŷr y Wasg – ac un trafaeliwr gwelw. Y trafaeliwr hwn a gynullasai'r cyfarfod, ond ni ddywedai fawr ddim. Yr oedd golwg nerfus arno, siaradai'n floesg, gwenai pan ofynnid cwestiynau iddo, a bwnglerai wrth geisio'u hateb. Soniai am godi 'byddin' i amddiffyn Cymru rhag y Philistiaid ac i waredu'r iaith Gymraeg. Tueddu i wamalu yr oedd y mwyafrif o'r gwrandawyr, a'r unig un oedd yn hollol ddifrifol oedd y trafaeliwr llwyd ei wedd. H.R. oedd y breuddwydiwr hwnnw a dyna'r tro cyntaf imi ei gyfarfod. Ef oedd cadfridog 'Byddin Ymreolaeth Cymru' – mam y Blaid Genedlaethol.

2. Hwyrddydd braf ym Mehefin, a H.R. a minnau'n eistedd ar fainc yn y Cei yng Nghaernarfon, a gwnïo y machlud ar dyrau'r castell uwch ein pennau. Tyfasai'r 'fyddin' yn blaid wleidyddol erbyn hyn. Caffai'r trefnydd byliau o besychu blin, gwyddai yntau ei fod yn nychu. 'Yr ydw' i wedi fy marcio,' meddai. Eto i gyd, gochelai hunan-dosturi. Yr oedd ynddo fywyd gorawenus; yn wir, yr oedd

byw yn dwymyn yn ei waed. Poenai oherwydd methu ohono glymu ei gynlluniau wrth fudiad gwleidyddol. Yr oedd fel dyn yn methu daearoli ei ddelfrydau. Wele rai o'i eiriau yr adeg honno: 'Fedrwn ni byth ddeffro cenedl sy wedi cysgu mor hir heb aberthu mwy. Rhaid inni ddiodda...rhaid colli gwaed. Mae'n mudiad ni'n rhy ddof, a ninna'n rhy lwfr.' Credaf y gwnaethai rywbeth dewr yn y cyfnod hwnnw pe cawsai ddau neu dri o gymrodyr rhyfygus.

3. Prynhawn dydd Sul, ychydig amser cyn yr etholiad diwethaf. Yr oedd tua deuddeg ohonom mewn ystafell lychlyd yn Heol y Bont Bridd, Caernarfon, yn ceisio cael trefn ar bropaganda'r blaid; yn llenwi a chyfeirio amlenni. Yr oeddym ar ôl gyda'n gwaith, a phawb wrthi hi fel petaem yn lladd nadroedd. Daeth H.R. yno, yn llawn ffwdan, a golwg gystuddiol arno. 'Tyr'd allan am funud,' meddai, a ffwrdd â ni i'r stryd. Dywedodd wrthyf fod miloedd o'r amlenni wedi eu camgyfeirio, yn ôl hen gofrestr. Arno ef yr oedd y bai, ac ni wyddai pa beth i'w wneuthur, 'Rydw i ers dyddia' fel dyn yn breuddwydio,' meddai, 'yr ydw' i fel taswn i wedi 'mharlysu.' Yr oedd tristwch ac anobaith yn ei lais. Gwyddwn na allai ei gorff ddal straen yr ymlafnio ymroddgar yn ystod y dyddiau hynny, ond ni fynnai ildio. Gwyddai fod rhai o'i gyfeillion yn ei feio, ac yn ceisio'i berswadio i orffwyso. Ofnai weled awr y diddyfnu creulon oddi wrth ei lafur. Treisiodd ei holl adnoddau ac ymdaflodd i'r frwydr, ond ni wyddai pa beth a wnâi. Gadawodd y frwydr hon greithiau dyfnion ar gorff H.R. a threthodd ei ysbryd hyd yr eithaf.

Nid oedd yn ein trefnydd dewr ddim euogrwydd na diogi nac ymffrost. Collodd lawer o gysuron bywyd er mwyn ymroddi i wasanaethu'r blaid. A pha dâl a gafodd? Hyn a wyddom, fe gaiff fyw a'i dilyno – ie, byw yn ystyr lawnaf y gair.[9]

15

Cofio H.R. dros y Can Mlynedd Diwethaf

MAE CYFLEOEDD WEDI dod i gofio ac anrhydeddu H.R. mewn sawl dull a modd dros y can mlynedd diwethaf.

Cafodd ei anfarwoli fel arwr mewn awdl a enillodd gadair Eisteddfod Genedlaethol Bangor 1931 i Gwenallt. Testun yr awdl oedd 'Breuddwyd y Bardd'.

Un cymeriad yn y gerdd yw Caradoc Evans sy'n sefyll dros anobaith cenedlaethol, a'r llall yw H.R. Jones, a saif dros ffydd genedlaethol. Wrth drafod ei awdl fuddugol dyma oedd gan Gwenallt i'w ddweud.

> Gwladgarwch sadistig – cariad wedi ei wyrdroi a'i wenwyno sydd yng ngwaith Caradog Evans am Gymru, ond cariad pur, anniflan oedd cariad H.R. Jones at ei wlad, a chafodd fynegiant iach iddo yng ngwaith mawr ei fywyd.

Fel hyn y disgrifia safiad H.R. dros ei genedl yn ei chyni:

> Daeth ati broffwyd talfain, llwydwedd,
> A hen haint ni roddai i hwn hedd,
> Ond ei ysbryd hoyw oedd fel gloyw gledd
> Yn ei wain wan. Tan ei anhunedd,

Ei ddolur a'i eiddiledd – 'roedd egni,
A nwyd yn llosgi dan y llesgedd.

Hefyd mae'n disgrifio fel y bu i H.R. farw fel Moesen, cyn arwain ei bobl i Wlad yr Addewid. Cafodd gipolwg arni o bell:

Darfu ei einioes, fel hoedl Moesen,
Gan weld treftad ei wlad fel trwy len,
Ail i anwylyd trwy welw niwlen,
A'r dwyfol Frenin byw arni'n ben;
Rhoed ei arch dan dywarchen – a'r dewr claf
Yn ei hun olaf, yn Neiniolen.

Mae'r rhan uchod o'r awdl ar garreg fedd teulu H.R. o dan enw H.R. ei hun.

Mewn erthygl fer yn y *Western Mail* ar ôl yr Eisteddfod ym Mangor dywed Gwenallt mai o holl aelodau Plaid Genedlaethol Cymru yr un a edmygai fwyaf oedd H.R.[1]

> Yr oedd ef y math o Genedlaetholwr a fuasai wedi sefyll yn ddiofn fel y gwrthryfelwyr Gwyddelig, o flaen drylliau'r Sacsoniaid pe buasai galw am iddo wneud yr aberth eithaf. Pan wynebid ef gan wawd a dychan gwrthwynebwyr y Blaid, ni phlygai ac ni byddai byth yn colli ei dymer. Ni wnâi ddim ond gwenu. A gwên Ffydd oedd honno. Fe enillodd ei ffydd a'i lewder tawel edmygedd cyfaill a gwrthwynebwyr.

Daeth cyfle cyntaf Plaid Cymru i'w anrhydeddu ers ei farwolaeth ar ddiwedd penwythnos dathliad y Blaid yn hanner cant oed yn Ysgol Haf y Blaid ym Mhwllheli brynhawn dydd Sul, 3 Awst 1975 pan gynhaliwyd cyfarfod coffa i H.R. Jones yn Eglwys Crist, Llandinorwig, Deiniolen. Dadorchuddiwyd plac ar fedd H.R. gan Miss Priscie Roberts. Ar y plac ceir y geiriau canlynol 'Gŵr a Chymru yn ei galon. Saunders Lewis'.

Yn ystod y cyfarfod cafwyd anerchiad gan Kate Roberts. Dywedodd nad oedd ganddi lawer o atgofion am H.R. gan ei fod ef yn y gogledd a hithau yn y de yn ystod dauddegau'r ganrif ddiwethaf ac felly roedd yn amhosib iddynt wneud llawer â'i gilydd. Ei chysylltiad cyntaf hi â H.R. oedd yn yr Ysgol Haf ym Machynlleth yn 1926. Yna wedyn bu hi a H.R. yn gohebu tipyn â'i gilydd. Soniodd fel yr oedd hi yn byw ar y pryd yn Aberdâr yng nghanol y dirwasgiad, cyfnod lle oedd hi yn anodd iddi siarad am iaith a diwylliant tra bod pobl yn dioddef eisiau bwyd. Yna dadleuon pendant o'r ochr arall yn dod gan H.R. Ni chadwodd gopi o'r llythyr hwnnw ond ei thyb hi roedd yn batrwm o lythyr.

> Dyna oedd un o'i gryfderau fo oedd ei fod yn medru ateb yn bendant a dadlau yn gryf dros ei achos – rhesymeg ymhob dim oedd yn ei ddweud.
>
> Dyn a gweledigaeth fawr ganddo oedd H.R. a honno wedi dŵad yn gynnar iawn iddo fo pan nad oedd hi wedi gwawrio ar bobl eraill. Mi gafodd weledigaeth ac fe'i cariodd hi allan.

Bu iddi ddiweddu ei hanerchiad trwy ddweud bod rhan o'i weledigaeth wedi dod yn wir gyda thri Aelod Seneddol gan y Blaid bryd hynny.[2]

Yna ym mis Gorffennaf 1981 ar achlysur Cymdeithas Tai Gwynedd yn gosod eu tŷ cyntaf yn Neiniolen i bâr ifanc o'r pentre, gosodwyd llechfaen o flaen 8 Tai Gweledfa, Deiniolen yn nodi bod y tŷ wedi bod yn gartref i H.R. a'r teulu. Dadorchuddiwyd y maen gan Miss Eleanor Jones, chwaer H.R. ac fe gafwyd anerchiad byr gan Dafydd Wigley, Aelod Seneddol Arfon ar y pryd. Ar y llechfaen ceir y geiriau canlynol – *Cartref H. R. Jones. Arloeswr a Chenedlaetholwr*[3]

Hefyd fe anfarwolodd Dafydd Iwan H.R. yn y gân 'Y Chwe Chant a Naw'.[4]

Y Chwe Chant a Naw

Canwn wrth gofio'r arloeswyr a fu
Yn agor y cwysi yn y ddaear oer ddu,
Am gadw'r ffynhonnau yn lân rhag y baw,
Canwn â diolch i'r chwe chant a naw.

Mor anodd oedd sefyll yn nannedd y storm
A dioddef y gwawdio, y sen a'r ysgorn,
Ond byth nid anghofiwn, beth bynnag a ddaw
Ffydd, cariad a gobaith y chwe chant a naw.

Daeth y gŵr o Ddeiniolen mor welw ei wedd
A'i ffydd oedd yn darian a'i obaith yn gledd,
Fe gerddodd drwy'r ddrycin, y cenllysg a'r glaw
I gyfarfod â'r ffyddlon, y chwe chant a naw.

Daeth y cawr o Landdulas i arwain y gad
I agor meddyliau i ryddid ein gwlad,
Gwawdio wnâi'r bradwr, a'r taeog mewn braw
Ond sefyll yn gadarn wnaeth y chwe chant a naw.

Canwn wrth gofio'r arloeswyr a fu
Yn agor y cwysi yn y ddaear oer ddu,
Am gadw'r ffynhonnau yn lân rhag y baw,
Canwn â diolch i'r chwe chant a naw.

Ar 17 Mehefin 2023 fe wnaeth plant hynaf Ysgol Gwaun Gynfi, Deiniolen ddysgu am fywyd H.R. a'i gyfraniad pwysig i Gymru. Trefnwyd eu bod gydag aelodau o staff yr ysgol a chefnogwyr eraill yn ymweld â mynwent Eglwys Crist, Llandinorwig, Deiniolen a chanu cân ar lan bedd H.R. (cân gan Tony Elliott ac Annette Bryn Parri).[5]

I gofio H.R. Jones

Yng nghysgod ponciau'r chwarel
Fe welodd olau dydd,
Un eiddil oedd o'r cychwyn
Ond cadarn oedd ei ffydd!

Wrth dyfu dysgodd garu
Ei fro, ei wlad a'i iaith
A'u cario yn ei galon
Wrth fentro ar ei daith.

Ei freuddwyd oedd gweld Cymru
Yn rhydd o ddeddfau'r Sais,
Gan ddal ei phen yn uchel
Yn wyneb brad a thrais:
Yng nghwmni dewrion ffyddlon
Fe frwydrodd nos a dydd,
Gan weithio yn ddiflino
I fynnu Cymru Rydd.

A heddiw yn Neiniolen
Bydd eto yn ein co',
Mae'r dyn o Dai Gweledfa
A'i ysbryd yn y fro.
A chofiwn ninnau'i alwad
A'i eiriau ar ein clyw,
'Rhaid deffro'r werin daeog,
Rhaid cadw'r iaith yn fyw.'

Atgofion am Mai a Priscie Roberts

(Yma cawn Lowri Williams, merch W. Ambrose Bebb yn rhannu ei hatgofion personol am y ddwy chwaer.)

ANTI MAI AC Anti Priscie oeddynt i mi, sef dwy chwaer oedd yn byw yng Nglanrhydfadog, Deiniolen. Roeddwn yn eu hadnabod erioed, hyd y cofiaf.

Byddai Anti Mai yn galw yn ein cartref yn Llwydiarth, Bangor yn amal a gwelwn Anti Priscie yn Swyddfa'r Blaid yng Nghaernarfon. Wn i ddim pwy oedd yr hynaf o'r ddwy – doedd hynny ddim o bwys i mi a chof plentyn sydd gen i fwyaf am y ddwy.Roedd ganddynt frawd a chwaer, Idwal a Katy, a hi oedd yr ieuengaf o'r teulu. Ond Mai a Priscie a adnabyddwn i orau o bell ffordd.

O dro i dro cawn fynd gyda fy nhad a'i gyfaill J. E. Daniel (Yncl Jac i mi), yng nghar Yncl Jac, i Gaernarfon i Swyddfa'r Blaid. Rwy'n cymryd mai pwyllgora oeddynt hwy yno a mwy na thebyg bod Mam yn falch o gael gwared o un o'i phlant am y prynhawn! Byddai hen siarad a thrafod ar y daith, mi gofiaf, ond pwysicach o lawer i mi oedd cael bod gyda Priscie. Hi oedd ysgrifenyddes J. E. Jones, y Trefnydd.

Priscie a gâi'r gwaith o fy nghadw'n ddiddig tra'r oedd y

pwyllgor yn mynd yn ei flaen a byddai'n rhoi papur carbon glas i mi i dynnu lluniau neu ysgrifennu, fel y mynnwn. Wrth gwrs, roedd hwn yn rhywbeth arbennig iawn i mi a byddwn wrth fy modd yno! Gwallt coch oedd gan Priscie a rhoddai'r argraff, yn gam neu'n gymwys, ei bod ychydig yn ffwslyd. Cerddai yn fân ac yn fuan ar ei sodlau uchel a does gen i ddim amheuaeth o gwbl ei bod yn ysgrifenyddes dra effeithiol a gweithgar i J. E. Jones, yn ymroddedig i'r Blaid a'i chalon dros waith yr achos.

Mai a adwaenwn i orau o'r ddwy ac roedd yn hollol wahanol i'w chwaer. Ysgrifenyddes i'r Aelod Seneddol E.T. John oedd hi, felly'r ddwy wedi cael hyfforddiant tebyg ond dyna'r unig debygrwydd i mi ei weld rhyngddynt.

Ar wahân i'w llygaid tywyll fyddai'n llawn chwerthin, roedd Mai lawer iawn yn fwy ymlaciedig na'i chwaer. Galwai i'n gweld yn Llwydiarth a byddem wrth ein bodd yn ei gweld. Roedd yn fam fedydd i Mererid a Hywel, fy chwaer a'm brawd oedd yn efeilliaid, a chymerai ei dyletswyddau tuag at hynny fel Eglwyswraig driw – roedd hi a Priscie yn addoli yn Eglwys Llandinorwig yn Neiniolen.

I blentyn, fel yr oeddwn i bryd hynny, ymddangosai Mai yn hynod soffistigedig. I ddechrau, roedd ganddi gar, ac ychydig iawn a feddai ar gar bryd hynny oherwydd y rhyfel, prinder petrol a.y.b. – yn enwedig merched! Gwisgai'n smart bob amser ac roedd ganddi gôt ffwr foethus. Yn ôl arfer merched bryd hynny, ni thynnai'r het yn y tŷ, a byddai'n eistedd yn fodlon yn y gadair freichiau'n ysmygu ei Chraven A, a'r mwg glas yn gwneud patrymau araf uwch ei phen, hithau'n gwrando ar beth oedd gennym ni'r plant i'w ddweud ac yn gwenu a chwerthin. Un Nadolig, daeth â'r goeden yn ei char a llond bocs o addurniadau lliwgar, sgleiniog i'w haddurno.

Mae'r darlun ohoni yn fy nghof y funud hon yn ei chôt ffwr foethus a'i het yn dal am ei phen yn cerdded yn ôl ac ymlaen, yn cyrraedd fan hyn a'r fan draw i osod y peli bach lliwgar ar ganghennau'r goeden. Darlun o Anti Mai gwerth ei gadw yn y cof.

Byddwn yn mynd i Glanrhydfadog ar y bws ar fy mhen fy hun ar Ddydd Sadwrn neu yn ystod gwyliau'r ysgol o dro i dro. Teimlwn yn gartrefol iawn yno a byddai croeso yno i mi bob amser. Ar wahân i'r ieir, a'r hwch a'i thorllwyth o foch bach, a'r afon a redai'n agos i gefn y tŷ lle y llithrais oddi ar garreg wlyb i'r dŵr oer(!), cofiaf yn bennaf y tŷ ei hun. Roedd cegin fyw a chegin gefn yno, fel ym mhob tŷ fferm, a drysau mewnol a phaneli gwydr ynddynt – peth newydd iawn i mi. Roedd cloc wyth niwrnod mawr hardd yno yn tician yn ddi-baid ac yn canu bob chwarter awr. Hyn siwr o fod yn gyffredin i rai ond yn ddieithr i mi, ac yng nghanol yr ystafell, bwrdd bwyta wedi ei orchuddio â lliain bob amser. Pan ddeuai'n amser pryd bwyd, byddai lliain arall gwyn yn cael ei daenu drosto.

Y peth gorau yn yr ystafell i gyd i mi oedd dreser Gymreig a ymddangosai'n anferth bryd hynny, yn dal, fel y cloc, ac yn cyrraedd y nenfwd. Roedd hon yn llawn o lestri hardd glas a gwyn a byddwn wrth fy modd yn syllu arnynt. Ar y silff lydan yng nghanol y dreser roedd llun mawr mewn ffrâm, llun o dri dyn.

Methwn â deall pwy oedd y tri dyn ond fedrwn i ddim peidio ag edrych arnynt a dyfalu. Lluniau o'r teulu fyddai yn y rhan fwyaf o dai a theimlwn bod llun o dri dyn yn y tŷ hwn yn beth rhyfedd iawn. Yn y diwedd, gofynnais i Mam pwy allent fod ac roedd hi'n gwybod ac yn eu hadnabod hefyd! Tri dyn oeddynt a roddodd rhyw ysgol fomio ar dân ac a fu yn y carchar am hynny. Yn y carchar! Pobol ddrwg oedd yn mynd i'r carchar, felly rhaid mai dynion drwg oeddynt! Methwn â deall o gwbwl. Pan eglurodd mai gweinidog oedd yr un tal, mai athro ysgol oedd yr un byr a bod yr un main wedi bod yn ddarlithydd coleg, roeddwn wedi drysu'n lân. Wrth gwrs, ymhen amser deuthum i ddeall, a sylweddoli mor bwysig oedd y Blaid, fel y gelwid bryd hynny, i Mai a'i chwaer, ac wrth gwrs y Blaid oedd yn cyflogi Priscie.

Rhyw dro, o gwmpas yr un amser, soniodd Priscie am rywun o'r enw H. R. Jones, o Ddeiniolen hefyd, neu rywle cyfagos, ond doeddwn i ddim wedi clywed amdano ar y pryd.

Yn ychwanegol i'r atgofion hyn, cofiaf weld wrth edrych o'r tŷ tuag at Ddinorwig lu o fwsus, pob un ohonynt yn llawn o weithwyr chwarel Dinorwig yn dod yn un rhes hir i lawr Gallt y Foel o Ddinorwig gan gario'r holl chwarelwyr adref wedi diwrnod o waith, ac Idwal yn un ohonynt. Hefyd rwy'n cofio priodas Katy, rhyw Nadolig, eu mam a wisgai mewn du bob amser, angladd eu tad, a chasglu llus ar ochr y mynydd ar ddiwrnod hyfryd adeg Eisteddfod Genedlaethol Bangor yn 1943.

Rhaid dweud i deulu Glanrhydfadog gyfoethogi llawer iawn ar fy mhlentyndod gan ddysgu i mi lawer am bobl y wlad a ffordd wahanol o fyw o gymharu gyda'r dref.

Coffa da, a llawer o ddiolch amdanynt.

Eleanor Jones (chwaer H.R. Jones)

(Yn dilyn ei marwolaeth ar y 1af o Ebrill 1982 dyma deyrnged gan Mr. Richard Jones, Cyn-Brifathro Ysgol Gwaun Gynfi, Deiniolen. Bu hi yn Brifathrawes Ysgol y Babanod am dros 20 mlynedd yn Ysgol Gwaun Gynfi, ac ymddeolodd yn 1966. Cafodd y fraint o gydweithio gyda hi am chwarter canrif.)

DAU DDIDDORDEB MAWR ym mywyd Miss Jones oedd yr ysgol a chapel Ebenezer (A). Roedd yn meddwl y byd o'i swydd fel Prifathrawes a gweithiodd yn ddiwyd a chydwybodol, nid er mwyn ennill cyhoeddusrwydd a phoblogrwydd, ond er budd a lles y plant oedd dan ei gofal.

Fel cydweithiwr â hi, cefais gyfleusterau di-ri i'w hadnabod. Roedd yn bersonoliaeth ddistaw a di-stŵr. Nis gwelais erioed wedi colli ei thymer ac yn ymfflamychu! Ni chlywais hi erioed, chwaith, yn chwerthin yn uchel, dim ond rhyw wên fach, slei a siriol, ac nid oedd byth yn uchel ei chloch.

Rhaid cofio nad oedd yn berson meddal a hyblyg, hawdd ei throi. Roedd haearn yn ei gwneuthuriad – fel yn ei brawd H.R. – ac roedd egwyddorion cadarn yn rheoli ei bywyd. Nid oedd dim 'chwim-chwam' yn perthyn iddi. Yr oedd ganddi syniadau pendant ac argyhoeddiadau dyfnion, ac nid ar chwarae bach y buasech yn medru ei throi. Er hyn roedd ganddi y ddawn brin a rhyfeddol honno o beidio â cheisio gwthio ei hargyhoeddiadau ei hun i lawr gyddfau pobl eraill.

Roedd yn Annibynwraig selog a gweithgar, a bu'n Ysgrifennydd Eglwys Ebenezer am flynyddoedd, gan gyflawni ei gwaith yn drefnus a chydwybodol, ac o hyd yn hollol ddi-stŵr a di-gyffro, gan gadw yn y cefndir, a byth yn meddwl gwthio ei hun i'r amlwg.

ATODIAD 3

Cynan yn Cyfarfod H.R.

(Disgrifiodd Cynan ei brofiad fel cyd-deithiwr â H.R. Jones ar daith mewn trên yng ngogledd Cymru, a dyma'r modd y dywed y cyn-Archdderwydd hanes y cyfarfyddiad hwnnw.)

TRAFAELIWN YN Y trên am Fangor gyda gŵr ifanc llwydwedd na fynnai siarad am ddim ond ein dyletswydd i weithio a gweithio nos a dydd nes cael Cymru'n Gymru Rydd. Ar labed ei gôt gwisgai fathodyn gwyrdd, a chledd a thriwal wedi ei weithio ar hwnnw mewn aur. Wrth yr arwydd hwn gwyddwn ei fod yn perthyn i Urdd yr Iaith Gymraeg – cymdeithas na wyddai llawer amdani y pryd hynny, a chymdeithas na ŵyr fawr neb amdani erbyn hyn... Dywedodd y gŵr ifanc wrthyf mai yn Neiniolen yr oedd ei gartref. Am foment bu raid imi geisio cofio pa le yr oedd Deiniolen, canys y pryd hynny yr oedd y lle yn fwy adnabyddus dan yr enw Ebenezer. Nid oedd fy nghyd-deithiwr brwdfrydig eto wedi sylweddoli ei ddymuniad i weled ail-sefydlu'r hen enw Cymraeg prydferth ar fro ei febyd. Dywedodd wrthyf fod y dydd wedi dod i uno pawb sydd yn caru Cymru mewn un ymdrech o ddifrif dros ymreolaeth, onide byddai yn rhy hwyr am byth. Tra siaradai, llosgai'r llygaid mawr oedd uwch y gruddiau gwelwon megis gan dân gweledigaeth ysblennydd...

Cyn canu'n iach yn stesion Bangor, gwyddwn mai ei enw oedd H.R. Jones, mai ei hoff lenyddiaeth, ar ôl barddoniaeth

Cymru, ydoedd llyfrau rhyddhawyr Iwerddon a hanes ei hymgyrch ardderchog hi. Gwyddwn hefyd fod yna un Cymro a fyddai'n barod, nid i weiddi 'Cymru Lân, Gwlad y Gân', ond i farw drosti yn llawen pe bai raid. Nid rhywbeth meddal ac arwynebol ydoedd ei wladgarwch ef, ond rhywbeth mawreddog wedi tanio ei holl enaid, a rhywbeth gan hynny oedd yn rhwym o newid holl gwrs ei fywyd. Cyn bo hir iawn wedyn yr oedd y gweledydd llwydwedd wedi cywilyddio meibion a merched y colegau trwy ei ddygnwch a'i wydnwch dros y ddelfryd, ac wedi eu symbylu i gychwyn Plaid Genedlaethol Cymru. Nid siarad am aberth yn unig a wnâi, ond fe roes swydd fusnes ragorol i fyny pan wahoddwyd ef i fod yn drefnydd cyntaf y blaid ar gyflog llawer iawn llai. Efallai nad oedd iddo alluoedd disglair fel trefnydd; efallai nad oedd iddo brofiad a doethineb maith fel gwleidydd, ond yr oedd iddo un ddawn – ei ffyddlondeb di-ildio, diarbed, di-gyfri'r-gost, i'w ddelfryd. Dyna yn ddi-os a fyrhaodd ei oes. Corff egwan a roed iddo, corff wedi ei ysigo gan ddyciâu,a phrofodd cleddyf llym daufiniog ei enaid cyn hir yn ormod i'r wain o gnawd. Cyn ei gladdu yn Neiniolen, fodd bynnag, cafodd fyw'n ddigon hir i weled ei freuddwyd am Gymru Rydd wedi ennill rhagor a rhagor o brif arweinwyr meddwl ei genedl.

(Gwilym R. Jones am H.R. yn *Adnabod Deg*, tt. 38-39)

ATODIAD 4

Tro yn Iwerddon

(O dan y ffugenw 'Caradog' dyma H.R. yn ei eiriau ei hun yn adrodd am ei daith i Iwerddon. Cawn ddarlun byw ganddo o fywyd cefn gwlad y cyfnod a'i edmygedd o ddewrder, safiad a diwylliant y Gwyddelod.)

METHU'N LÂN Â gwneud fy meddwl i fyny yr oeddwn ddiwedd haf i ba le i fynd i dreulio gwyliau. Hoffwn bererindod yn yr Ysbaen, ond nid oedd fy nerth yn atebol i antur o'r fath. Yn wir, teimlo'n wan yr oeddwn, ac yn aml yn tybio mai gwell oedd i mi aros adre i orffwys. Ond ni fynnai fy meddyg hyn. Rhaid 'newid aer', meddai Gwyddel ifanc oedd yn gofalu amdanaf. 'I ble'r af, doctor?' gofynnwn. 'Ewch i Bray ger Dulyn, a chewch yno le a'ch siwtia i'r dim. Os na wna, ewch ar draws gwlad i Dde Ddwyrain Kerry i le bychan o'r enw Glenbeigh. Cewch yr Iwerydd i gyd a'i awelon yno – digon o fôr, digon o fynydd, a thawelwch digyffro.'

'Ond, cofiwch,' meddai, 'bydd yn rhaid arnoch aros gyda thyddynwyr tlawd, gan mai gwlad lom ydyw, a dim gwestai ar gyfer ymwelwyr.'

I Bray felly'r euthum ddiwedd Awst. Ni hoffais mo'r lle. Blinais arno'r diwrnod cyntaf. Yr oedd yn eithaf hwyrach i drigolion Dulyn i bicio yno am ddarn o ddiwrnod, ond ni wnâi mo'r tro i mi. Beth i'w wneud? Sgrifennais at Bostfeistr Glenbeigh i holi am dyddyn y cawn aros ynddo wythnos neu ddwy. Daeth ateb a thelerau, a setlais. Ffwrdd â mi felly am Ddulyn, aros yno tros nos, ac am naw trannoeth yn cychwyn am Dde Ddwyrain Kerry. Cefais drên cyflym. Teithais trwy Kildare, Kilkenny, Thurles, Mallow, Killarney – enwau cyfarwydd i'r sawl a ŵyr ychydig am hanes y wlad honno. Cyrhaeddais hanner awr wedi pump. Taith hyfryd ydoedd trwy wlad doreithiog, a'r cnwd gwenith yn llawn barod i'r bladur. Sylwn yma ar adfail hen blasdy, neu gastell, neu eglwys, a meddyliwn am y gogoniant a giliodd oddi wrthynt. Gwelwn acw groes Geltaidd bren mewn cae neu ar fin y ffordd, ac ambell dro hanner dwsin neu ragor ohonynt gyda'i gilydd. Ôl terfysgoedd ac aberth y blynyddoedd diwethaf oeddynt. Yn yr un cerbyd â mi yr oedd dau Sais a phentwr o bapurau newydd a chyfnodolion gyda hwynt. Darllen a wnaent trwy gydol y daith, heb sylwi o gwbl ar dlysineb y wlad y teithient trwyddi. Cefais gyfle i holi ychydig arnynt cyn gwahanu.

'A oeddynt wedi bod yn yr Iwerddon o'r blaen?' – 'Naddo.'

'A oeddynt yn debyg o fwynhau'r ymweliad?' – 'Byddent yn alright, mae'n debyg.'

I Killarney yr oeddynt yn myned i chwarae golff, ac am aros yn hotel fwyaf y lle. Dwedwn wrthyf fy hun na fyddai y rhain yn gwybod fawr am y wlad a'r trigolion pan ddychwelent. Beth amdanaf fy hun? Awn innau i wlad ddieithr ac at bobl ddieithr. Gwir i mi fod trwy Connemara o'r blaen. Y tro hwnnw arhoswn mewn gwestai, ac yn sicr nid dyma'r mannau i ddod i adnabod trigolion gwlad yn drwyadl. Pa fath le a gawn i aros y tro hwn? Clywais sôn droeon am aflendid tai yn yr Iwerddon – fod ieir, moch a dynion yn cyd-fyw yn yr un ystafelloedd, ond o ran hynny gellir gweled hynny heddiw yn Sir Gaernarfon. Ond ai mewn lle felly yr oeddwn wedi trefnu i aros? O'r diwedd, dyma'r orsaf, ac allan â mi o'r trên. Daeth gŵr canol oed golygus ataf gan holi ai mi oedd Mr. Jones? 'Ia, dyna fy enw,' meddwn. 'Wel fi yw Batt Riordan, a chyda mi yr ydych wedi trefnu i aros.'

'O'r gorau,' meddwn, 'a ydyw eich tŷ gerllaw?"

'Na, rhaid teithio pedair milltir tros ysgwydd y mynydd acw, ond mae'r drol gennyf a chewch eich cludo yn honno!'

Ac i'r drol â mi, ac eistedd ar sypyn o wair. Dyma ddechrau gofidiau, dybiwn i, pedair milltir mewn trol hyd ffordd fynyddig, ac i ganol chwain, baw ieir a moch. Ond nid oedd ddim i'w wneud ond ei mentro hi, a gwneud y gorau o'r gwaethaf. Er garwed y ffordd ac er teimlo yn fynych fod fy aelodau bron â datgysylltu, yr oedd yn daith eithaf difyr, a'm cyfaill yn adrodd hanes y lle hwn a'r lle arall yr aem heibio iddynt ar y ffordd, ac yn holi tipyn amdanaf innau. O'r diwedd dyma ni gyferbyn â bwthyn bach to gwellt, wedi ei wyngalchu yn dlws ryfeddol, a phobman o gwmpas yn dwt a glân. Yn swn cyfarchiadau 'Céad míle fáilte' (Canmil croeso), euthum i mewn gan ysgwyd llaw â gwraig y tŷ, y ferch a dau fab. Roedd lliain gwyn ar y ford a the yn fy nisgwyl, ac yn sicr fe wneuthum yn fawr o'r pryd bwyd hwnnw. Yn union wedyn euthum i'r gwely, wedi llwyr ddiffygio.

Dyma fi yn awr ar ben fy siwrnai. Ni fwriadwn deithio ymhellach ac ni wnes. Dod i'r Ynys Werdd i orffwyso a diogi oedd fy amcan. Mae rhinwedd mewn diogi weithiau. Bu o fawr les i mi y tro hwn. Mewn bwthyn to gwellt yng nghanol gwlad lwm yr arhoswn. Llwm iawn y tŷ tu fewn. Yn fy siamber nid oedd ond y gwely a bwrdd bychan, ac ychydig almanaciau wedi eu fframio ar y parwydydd, ac wrth gwrs lestr a'r dwfr sanctaidd. Pa ystafell wely heb ei dwfr sanctaidd yn y rhan hon o'r wlad? Y gegin eto lawn mor llwm, bwrdd, setl, tair cadair ac un cwpbwrdd, a'r cwbl o waith y tyddynnwr ei hun. Llawr concret, simdda, crochon a thecell – dyna'r gegin i chwi. Pa raid wrth ychwaneg, nid yw celfi tân, llestri di-fudd, carpedi a gormod o ddodrefn ond yn casglu llwch, ac ychwanegu gwaith merched tu fewn i furiau tŷ. Allan y ceir awyr iach, nerth ac iechyd. Mae merched yr Ynys Werdd lawer callach yn hyn o beth na merched Cymru. Cadwant eu tai yn hynod o lân, eto ni welir hwy yn sgwrio ac yn brwsio trwy gydol dydd. Mae'n wyth o'r gloch cyn y cwyd neb yma a bydd gwaith y dydd ar ben o hanner awr wedi pump i chwech, haf a gaeaf.

Dim safon cyflog, dim sicrwydd cynhaeaf, dim oriau neilltuol i weithio, dim pryder, dim helbulon, dyma wna y bobl hyn y dosbarth hapusaf y gwn i amdanynt. Pymtheg swllt y flwyddyn ydoedd rhent y lle'r arhoswn ynddo, a chwech o rai mewn oed yn byw yno mor ddedwydd â gog y gwanwyn. Ond ni frysied neb trosodd, gan ei bod yn annichonadwy i ddieithryn gael tyddyn, neu yno buaswn wedi aros. Ni achosa prinder arian fawr o bryder iddynt, gan mai ar gynnyrch y tir y maent yn byw. Gwir nad oes fawr o amrywiaeth yn y bwyd, tatws a bresych, bara ac ymenyn, llaeth, cig hallt, yn facyn a biff, dyna'r cwbl. Dim danteithion, eto y bobl yn gryf, iach a chyhyrog. Llwgu a wna meddyg yma, gan brinder galwadau.

Er mor llwm y wlad, yr oedd yn dlws ryfeddol. Mynyddoedd moelion garw yn fy nghysgodi ar dair ochr, heb ond ambell dyddyn arnynt. Ar ochr arall, darlun rhyfeddol, culfor Bae an Daingean fel tafod arian yn ymestyn am filltiroedd o'r Iwerydd i Glenbeigh, a bryniau tlysion Gogledd Kerry yn gefndir iddo. Yma y dywedir mae'r tir hudol hwnnw, Tir na n-Og, gwlad ieuenctyd, yn tawel gysgu dan donnau'r mor, megis ein Cantre Gwaelod ni. Llawer ystori brydferth a edrydd y trigolion am y lle hwn. Hyd yn oed heddiw teithia rhai filltiroedd i'r traeth cyn codiad haul ar fore cyntaf o Fai, i geisio golwg ar y ddinas goll. Bûm innau ar y traeth droeon ond ni ddaeth i mi olwg ar y fro hudol, na miwsig clychau eglwysi sy'n cysgodi tan y dŵr.

Ofergoelus iawn yw'r trigolion, a glynnant yn dynn

wrth hen draddodiadau. Credant o hyd yn y 'bobl fach', y tylwyth teg. Adroddir am hen lanc yn yr ardal sydd yn cael ei gymeryd ymaith ar adeg arbennig bob gaeaf gan y bobl fach. Am dri diwrnod y collir ef. Pan ddychwel ni ŵyr pa le y bu na pha beth a welodd, ond gall fynegi pwy fydd farw yn y plwyf am flwyddyn o amser, ac yn rhyfedd iawn ni fetha byth yn ei ragfynegiad. Y merched yn unig a glywent lais y banshee. Hen wreigen yw hon sydd yn hedeg uwch y mynyddoedd gan weiddi yn annaearol i fynegi marw rhywun cyn y bore. Gwae y sawl a geisio ladd criced. Ceisiais i wneud hynny a dyna bawb yn y tŷ ar eu traed i atal fy llaw. Os lleddir criced, fe ymosoda ei dylwyth ar yr holl ddilladau yn y tŷ gan eu darnio yn gareiau, meddent.

Tyrrai y bobl ifanc fin nos at ei gilydd i dai i ddawnsio a chanu, mis yn y tŷ hwn a mis yn y tŷ arall. Nid oes yma neuaddau pentrefi na llyfrgelloedd i bobl ifanc dreulio eu min-nosau, ac ni cheir nemor neb yn treulio eu hamser mewn tafarndai. Dawnsio a chanu, dyna hoffter y Gwyddel. Yn ffodus i mi digwyddai fod yn fis cynnull yn y tŷ yr arhoswn, a chefais ddawns a chân bob nos y bûm yno. A mwy, cefais gyfle i siarad â'r bobl ifanc a'u hadnabod. Nid y Jas a dawnsiau Seisnig-Americanaidd clogyrnaidd a difiwsig a geir yma, ond hen ddawnsfeydd Gwyddelig yn sŵn hen alawon y wlad a ddawnsid ac a genid oesoedd maith yn ôl. Bu hen ŵr pymtheg a thrigain oed a arferai fynd o bentref i bentref yn Kerry i ddysgu y gelf o ddawnsio, ac a gyfrifid yn bencampwr dawnsio yn ei ddydd, yn dawnsio i mi un noswaith, ac yn wir yr oedd mor heinif â llanc ugain oed. Hen ŵr arall bron yr un oedran, na allai ddarllen yr un nodyn o fiwsig, a ganai i mi hen alawon Gwyddelig a ddysgasai gan ei fam. Difyr iawn yn wir oedd fy nosweithiau yma, gyda dawns, cân a stori.

Sieryd yr hen bobl a'r bobl ganol oed y Wyddeleg, ond nid y bobl ifainc. Er bod pawb yn medru yr iaith, a'r ifanc yn cael ei dysgu yn yr ysgol, gwyrth yn unig a'i ceidw yn fyw yma. Nid yw y canol oed a'r hen yn gallu ei darllen, ond gall y plant wneud hynny. Saesneg yw y papurau newydd a phrin y ceid llyfr yn y Wyddeleg mewn unrhyw dŷ. Bûm yn ymryson droeon â'r bobl ifanc am iddynt siarad eu hiaith â'i gilydd, ond i ddim pwrpas rwy'n ofni. Ni welent yr un gwerth ynddi. Brwydr galed a hir a fydd adfer y Wyddeleg, ac ni wneir hynny heb ddysgu i'r bobl werth y llenyddiaeth a wewyd ynddi.

Ychydig o rai mewn oed sy'n gallu darllen, ac ni dderbyn y bobl ifainc sy'n medru ond rhyw un papur lleol mewn wythnos. Ni chymerent unrhyw ddiddordeb yn helynt y byd, ond trowch i sôn am Iwerddon a llywodraeth eu gwlad, a bydd eu diddordeb yn deffro ar unwaith. Mor wahanol ydynt i ni, heb ysgol, heb fedru darllen maent yn berffaith hyddysg yn hanes ac yn nhraddodiad eu gwlad, ac yn fwy na dim, maent yn ymfalchïo mai Gwyddelod ydynt, sydd wedi cadw yr ysbryd cenedlaethol yn fyw yn wyneb pob anhawster, ac wedi manteisio ar bob cyfle i brofi i'r gelyn (y Sais) nad o'u bodd y derbynient ei lywodraeth trostynt, nes o'r diwedd gael cyfle i'w hyrddio ef a'i lywodraeth o'u tir am byth. Ymfalchïent wrth adrodd i chwi hanes ymgodymu â'r gelyn. Maent yn falch o'u Senedd yn Nulyn, a synient yn uchel am eu Seneddwyr. Dywedant yn bendant wrthych na bu hi erioed cystal arnynt ag ydyw yn awr, ond ni allant yn eu byw ddeall paham y rhaid iddynt hwy dderbyn brenin Lloegr fel eu brenin, na thalu ceiniog o'u trysorlys i drysorlys Lloegr.

Wrth deithio'r ffyrdd gwelir llawer golygfa drist. Croes Geltaidd, hwyrach dair neu bedair gyda'i gilydd, i ddynodi'r fan y syrthiodd eu gwŷr ifanc tros ryddid eu gwlad. Tybed a oedd y cyfan yn werth y fath aberth? Ai ffolineb y sefyll, y saethu, a'r syrthio? Llywodraeth rydd yn Nulyn, yr iaith yn orfodol yn y colegau a'r ysgolion, diwydiannau newydd yn blodeuo trwy'r wlad, amaethyddiaeth yn llwyddo, a'r bobl yn ddiddig ac yn falch o'u hetifeddiaeth. A yw hyn oll yn werth talu pris amdano? Yn sicr ddigon, os yw enaid yr Iwerddon yn ddiogel yn nwylo yr ymddiriedolwyr newydd.

Dychwelaf yn ôl i Gymru, i wlad y taeogion, a'm calon yn drist.

Y Darian (Wythnosolyn Cymraeg De Cymru), 21 Tachwedd 1929, t. 5; 19 Rhagfyr 1929, t. 3; 9 Ionawr 1930, t. 3.

H.R. a'i Ddawn Lenyddol

YMDDENGYS BOD GAN H.R. ddawn lenyddol ac y gallai lunio telyneg ac ysgrifennu stori fer neu ddrama, ond yr oedd rhoi'r rhan helaethaf o'i amser i'w waith dros y Blaid yn golygu na allai ymroi o ddifrif i ysgrifennu.[1]

Dyma delyneg serch draddodiadol o eiddo H.R., ac o ran traddodiad cerddi o'r fath, mwyaf tebyg mai dychmygol ydy gwrthrych ei serch. Mae'r enw Eurgain, a'r ffaith iddo ei chyhoeddi mewn papur newydd lleol, yn tueddu i gadarnhau hynny. O ran y cynnwys a'r arddull, mae enwi Moel Rhiwen a chyfeirio at fyd natur gan ddisgrifio'r golygfeydd yn ychwanegu at gynhesrwydd ac anwyldeb y dweud.[2]

Eurgain

Fe gwyd yr haul fel brenin hael
Yn fore ar Foel Rhiwen,
A clychau'r grug fydd ar ei ael
N'rhoi croesaw haul i'r heulwen;
Yr hedydd bach pan dyr y wawr
Rydd groesaw cawr i'r friallen,
A minnau genais lawer awr
I Eurgain ar Foel Rhiwen.

Fe glywais gwcw yn y coed
Yn iach ei bron yn canu,

A gwelais wningen chwim ei throed
Wrth fôn y graig yn llechu;
Bydd gwiwer fach yn nrysni'r llwyn
Yn chwareu ar werdd ganghen,
Cawn nefol hedd fy ngeneth fwyn
Wrth fyw ar ael Moel Rhiwen.

Cawn weled llongau ar y môr
Yn dawnsio ar y tonnau,
A badau bach yn dod â'u stôr
O'r helfa at y glannau;
Pan ddaw y nos, o ben Moel Rhiw-wen
Cawn weled tân oleudy,
Yn wir cawn weld, fy ngeneth wen,
Ramantau ceinion Cymru.

Mae bwthyn gwyn ar ael y bryn
Yn barod it ddod iddo,
Mae'r wennol yno erbyn hyn
Yn nythu tan y bondo;
Mae ynddo ddodrefn derw du
A llestri yno hefyd,
A ddoi di yno gyda mi
I drigo mwy mewn gwynfyd?

Glyw di'r ceiliog fronfraith mwyn?
O gwrr y llwyn yn gwaeddi
Am i'w anwyles ddod o'r brwyn
I gwrr y coed i briodi;
A glywi di fy adlef fi
Ac adlais cainc o'r awen,
Am i ni'n dau, briodi'n lân
A nythu ar Foel Rhiwen!

H.R. Jones
Ebenezer, Arfon[3]

Blas o Lythyrau H.R. yn y Wasg

ROEDD H.R. YN llythyrwr brwd ac ymddangosai ei lythyrau'n aml mewn sawl cyhoeddiad Cymraeg. Mae ei erthyglau'n frith o genhadaeth grefyddol-genedlaethol ac yma ceir enghraifft ohono yn anelu ei alwad at bobl ifanc oherwydd 'Y mae pob gwir genedl yn sylfaenu ei gobeithion, ei hymddiriedaeth, a'i huchelgais ar ei phobl ieuainc, ac y mae Cymru hefyd, drwy fod yn genedl, yn disgwyl ei gwaredigaeth drwyddoch chwi.'

***Yr Herald Cymraeg*, 13 Mai 1924, t. 6.**

Ncgcs 'Cymru i'w IIymrcolwyr' Icuainc, gan II.R. Jones, Ebenezer.

Ieuenctid Cymru, meibion a merched y wlad fynyddig hon, atoch chwi yr enfyn yr ysgrifennydd y neges yma, gan hyderu y bydd yn foddion i ennyn sêl newydd a chariad dyfnach ynoch tuag at eich gwlad. Y mae pob gwir genedl yn sylfaenu ei gobeithion, ei hymddiriedaeth, a'i huchelgais ar ei phobl ieuainc, ac y mae Cymru hefyd, drwy fod yn genedl, yn disgwyl ei gwaredigaeth drwyddoch chwi. Geilw am eich cynorthwy, eich aberth yn ei hawl, neu bydd ei dyfodol wedi ei gollfarnu. 'Lle nad oes weledigaeth trenga'r bobl', ond pwy a ddywed nad yw Cymru wedi cadw ei gweledigaethau yn glir drwy'r oesoedd; nad yw breuddwydion meithion Cunedda eto'n fyw, y breuddwydion hynny a gadwodd ysbryd rhyddid yn fyw gan feithrin ysbryd gwladgar yn ei phlant drwy dawch ei nos dduaf. Dyma'r neges a gafodd Joel i'w rhoddi i'r genedl, – 'a bydd ar ôl hynny tywalltaf fy ysbryd ar bob cnawd, a'ch meibion a'ch merched a broffwydant, eich henuriaid a welant freuddwydion, eich gwŷr ieuainc a welant weledigaethau'. Mor wir y neges i ni, bobl ieuainc Cymru heddyw. Rhaid inni gael ein gweledigaethau, ac adlewyrchu enaid ein gwlad ynddynt.

Ysgrifennodd Mr. D. Lloyd George yn ddiweddar yn y 'Daily Chronicle', – 'Y mae adfywiad cenedlaetholdeb drwy orllewin a chanolbarth Ewrop. Saif cenhedloedd Ewrop i wylio eu hawliau sydd mewn perygl.' Teimlais innau donnau cenedlaetholdeb yn dygyfor yng nghalonnau merched a meibion Cymru. Teimlasant yr anghyfiawnder a wneir â ni fel cenedl gan ein rheolwyr, a gwaeddant allan nid am ddialedd ond am gyfiawnder. Ein dyletswydd yw cynhyrfu'r tonnau hyn yn forynnau ewynnog i ysgubo dros y wlad, gan gludo ar eu gwarrau hen ac ieuainc, a'u glanio yn nes i'w cyrchnod fel cenedl. Caffed yr ieuainc wroldeb a brwdfrydedd adnewyddol i drechu'r rhwystrau olaf ar lwybr rhyddid. Cenedlaetholdeb yw ein genedigol fraint, a choron cenedlaetholdeb yw Ymreolaeth. 'Y bobl a rodiasant mewn tywyllwch a welsant oleuni mawr.' Gwelsom ninnau y goleuni; gwelsom ein genedigol fraint yn disgleirio drwy'r tywyllwch, yr hawl i reoli ein gwlad ein hunain. Dyma fo bellach ein seren arweiniol, i'n tywys i Fethlehem Cymru.

Onid teg i blant Cymru gael rheoli materion Cymreig ac nid estroniaid? Y plant sy'n deall mor dda guriadau ei chalon gynhyrfus. Glynasant hwy wrthi mewn ystorm a hindda; breuddwydiasant eu breuddwydion, ac maent yn awyddus i ymladd ei brwydrau eto. Parod ydynt i aberthu y diferyn olaf o'u gwaed drud drosti. Ein gwlad yw y cartref roddodd Duw inni, gan roddi ynddi deulu lluosog a garwn, ac a'n câr ninnau. Mae gennym gymundeb teimlad agosach â'r rhain nag â neb arall. Teulu ydym drwy natur, wedi ein cynysgaeddu i wasanaeth neilltuol. Ein gwlad yw maes ein llafur; rhaid i gynnyrch ein bywiogrwydd fyned allan ohoni er budd yr holl fyd. Ond y mae'r offerynnau llafur a allwn ddefnyddio orau – mwyaf effeithiol yn bodoli ynddi ac ni allwn eu gwrthod heb fod yn anffyddlon i deyrnas Duw, a lleihau ein nerth ein hunain. Drwy lafurio yn unol â gwir egwyddorion ein gwlad llafuriwn dros ddynoliaeth. Os trown ein cenedlaetholdeb heibio yr ydym mewn perygl o ddyfod yn anfuddiol i'n gwlad ac i ddynoliaeth. Etifeddasom y rhandir mynyddig, a gynnwys dair ar ddeg o siroedd, o law Duw ei hun. Rhoddwyd ef inni yn gartref i'n cenedl, lle y gallwn drwy ein hymroddiad, a'n barn gyrraedd ein nod, a chyflwyno ein cenhadaeth i ddynoliaeth.

Dyletswydd pob dyn yw bod yn deyrngarol i'w wlad. Ond, a ydym ni felly? Onid yw'n ffaith fod llawer un a dderbyniodd ei hymddiriedaeth wedi ei bradychu er mwyn anrhydedd personol ac elw. Hwyrach y meddyliasant yn dda tuag at Gymru; ni chyflwynasant o bosib weithred annheilwng yn fwriadol yn ein herbyn, ond dylasent bleidleisio yn unol â'u cydwybodau, areithio ac ymladd yn erbyn pob dichell a allai niweidio buddiannau Cymru. Y mae'r cymeriadau aneffeithiol hyn yn ceisio rhyw esgusodion o hyd i'w cyfiawnhau eu hunain, ond byr ydynt o gyflawni ymddiriedaeth gyhoeddus.

Cawsom ormod o'u bath yn y gorffennol, ac y mae gennym ormod ohonynt yn y Senedd heddyw. Pan yw dynion cyhoeddus yn esgeuluso eu rhoddi eu hunain mewn safleoedd i gyflawni eu dyletswyddau gydag effeithiolrwydd, y maent yn annheilwng o'n hymddiriedaeth ynddynt. Gofynnwch i'ch aelod seneddol pa beth a wna dros Ymreolaeth i Gymru ac odid nad etyb nad oes ganddo amser i roddi sylw iddo. Yn nes inni, cawn arweinwyr crefyddol yn rhy wan ac ofnus i wneud eu dyletswyddau, ac yn anffyddlon i'w galwad a'u Duw. Ai dyma'r bobl y gallwn ymddiried ymddynt i'n harwain i dir rhyddid? Pe buasai rhyw elw neu anrhydedd personol i'w gael trwy hyn, buasent ar unwaith yn dechreu bloeddio, a mynnu amser i ddiwygio ein camwri. Y proffwydi olaf a fu'n mynegi cri calon Cymru ydoedd Tom Ellis a Thomas Gee. Cweryla wneir heddyw ynghylch materion pleidiau bychain, neu gyda materion ymherodrol a llwyr anghofir hawliau Cymru. Tybed fod y bobl hyn wedi sylweddoli gwir amcan ymddiriedaeth y wlad ynddynt? Nid i lafurio dros bleidiau gwleidyddol yr etholir hwynt, ond i'n codi i dir uwch, ac i weithio dros yr holl genedl? Erfyniaf arnoch chwi bobl ieuainc Cymru i gladdu eich argyhoeddiadau gwleidyddol yn y ddaear. Anghofiwch hwynt oherwydd geilw eich gwlad arnoch, enaid a chalon, i frwydro dros ei hachos sanctaidd. Ni fygir byth deimlad cenedlaethol Cymru – cerdd ysbryd Llywelyn a Glyndŵr hyd fryniau a dolydd ein gwlad gan ein cymell ymlaen, nes y cawn ein genedigol fraint, a'n rhyddid. Gwnewch adduned i ymuno â'r groesgad sydd i adennill y wlad sanctaidd hon i'r Cymry:

'And then my country write it on my heart
Thy sons are they who nobly take thy part
Who dedicate their manhood on thy shrine
Wherever born, are born true sons of thine'.

Safasoch fel gwrthglawdd yn y rhyfel mawr, a gwelsoch ddryllio gobeithion. Tybed eich bod yn barod i aberthu eto dros Gymru, eich gwlad eich hun? Nid â chledd nag â dryll, ac nid â nwy na magnel, ond â phenderfyniad di-ildio i amddiffyn buddiannau goreu ar y ddaear a all rwystro llif cenedl yn mynnu ei hawliau. Ni fagwyd cenedl gref o lwfriaid. Trwy ymdrechion diofn proffwydi ac arwyr y daw cenedl yn rym ym mywyd dynoliaeth. Myfyriwch ar odidowgrwydd

Cymru Fu – am y rhai hynny fu'n ymladd, ac yn aberthu dros eu gwlad. Bu eu brwdrydedd cenedlaethol yn wrtaith i athrylith ein cenedl. Ond er hynny na foed inni orffwys ar y gorffennol. Y mae gennym oll ein dyletswyddau i'w cyflawni, nid er mwyn heddiw, ond fel y gall y cenedlaethau sydd heb eu geni fedi o ffrwyth ein llafur. Rhaid inni yrru'r hen wlad yn ei blaen; a phalmantu'r ffordd i sylweddoli ein breuddwydion. Nid ydym yn fodlon i fod dan lywodraeth Lloegr, gan na chaniateir inni gynhyddu'n naturiol. Y mae gennym iaith, diwylliant ac arferion, o'n heiddo ein hunain, a rhoddant inni ymwybyddiaeth o waedoliaeth Gymreig, a deffry ein gwladgarwch.

***Yr Herald Cymraeg*, 17 Mawrth 1925, t. 3.**

'Caru Cymru' gan H. R. Jones, Ebeneser.

Rwy'n caru Cymru. Ni allaf beidio â'i charu. Wrth ei charu hi rwy'n caru ei thrigolion, gan mai gwir fywyd gwlad ydyw bywyd ei phreswylwyr. Cerais hi wrth ddechreu cerdded, caraf hi hyd fy medd, ac efengyl ei rhyddid ydyw anadl fy mywyd. Gadewch inni garu Cymru yn unol, byddwn frodyr a chwiorydd yn ein serch tuag ati, parchwn ei phethau goreu, ffieiddiwn ei llysnafedd, ac hyd lwybrau ei diwygiadau arweiniwn hi i'w phorth prydferth – Porth Rhyddid. Ni bydd ysbryd Cymru'n dawel fyth nes cyrraedd yno ac ni bydd hedd i eneidiau ei harwyr, nes iddi gyrraedd pen ei thaith. Yn llaw Duw trwy lwybr y groes yn unig y deuwn hyd at Wynfa ein gwlad – 'Cymru Rydd'.

Tybed yr adwaenoch chwi eich dyletswyddau, frodyr; a welsoch chwi lwybr y wawr, chwiorydd? Ai mud ydych i guriadau calon cenedl, sydd ers oesoedd maith yn dwyn pwn y gorthrwm ar ei hysgwyddau, a llyffetheiriau cadwynau caeth gylch ei thraed? Ai felly byth y mynnwch i Gymru fod? Yr iaith dan wawd, y genedl dan sen, eich harferion cenedlaethol a'ch tafodau yn sarn dan draed dylanwadau estron, a gorwel y dyfodol yn ddu dan gymylau nos am fod Cymry yn llwfr. Os adnabuasoch eich dyletswyddau, ac os gwelsoch oleuni'r gwirionedd, ac oedi ohonoch heb gydymffurfio yn eich gweithrediadau â hwynt, yna yr ydych yn cyflawni anfadwaith a gondemnir gan nefoedd a daear, ac nid oes hawl gennych byth i'ch galw ar enwau dynion.

Eich gwlad yw eich cartref, canolfan eich bywyd, lle y magwyd ynoch y cariad cyntaf at y pur a'r da. Hi hefyd, ddylasai fod eich teml, Duw ar ei phinacl, a chwithau frodyr a chwiorydd yn sylfaen gadarn iddo. Ni ellwch garu Duw heb garu eich gwlad, na charu eich gwlad heb garu Duw. Yng ngoleuni y ddeddf hon y dylasech gerdded. Pe cydymffurfiai calon cenedl â hi, pe cydymgeisiai'r werin am yr uchelgais o'i choroni, yna, pwy fuasai'n ofni am ddyfodol Cymru? Duw a roddodd i'r Cymry Gymru 'yn gartref'. Ef a'u harweiniodd hwynt o Asia i breswylio yma, a Duw hefyd a roddodd iddynt yr iaith Gymraeg i'w chadw'n fyw a'i pharchu. Nid oes hawl gennych i ddibrisio rhoddion Duw, geilw arnoch i ymladd drostynt, fel na ddygo neb hwynt oddi arnoch, na'u mathru dan draed.

Rieni Cymru, a garwch chwi eich gwlad? A garwch eich plant eich hun? A ydych yn adrodd iddynt hanes Cymru, yr hyn a fu, a'r hyn a ddylasai fod? Cofiwch yn enw popeth sydd gysegredig fod dyfodol y genedl yn eich llaw chwi, ac allweddau cenedlaethau i ddod yn eich cadwraeth. Pe sylwedolech hynny, y mae eich cyfrifoldeb yn ofnadwy. Os bradychwyr fyddwch, os gwerthwch eich cenedl, os gadewch i'r iaith drengi, a'ch tafodau cenedlaethol gael eu llygru, yna fe ddisgyn anwireddau y tadau yn felltith ar y plant o genhedlaeth i genhedlaeth. Cedwch yr iaith yn fyw, penderfynwch na chaiff farw, ac ymleddwch drosti. Sefwch i fyny yn eofn, a dangoswch i'r byd eich bod yn caru eich gwlad, ac y dysgwch i'ch plant y ffordd i'w charu, trwy feithrin ynddynt serch tuag at y Gymraeg, drwy adrodd iddynt hanes y rhai a garodd Gymru, y rhai a ddioddefodd er gwneud eu gwlad yn well. Dysgwch hwynt i ddilyn llwybrau rhinwedd, dangoswch iddynt pa mor sanctaidd ydyw, o bydd raid. I sefyll a'u haberthu eu hunain fel apostolion rhyddid a gwirionedd er mwyn Cymru.

Arweinwyr Cymru, chwi a gafodd ymddiriedaeth y genedl, a garwch chwi eich gwlad? Ar eich ôl chwi y cais y werin dramwy. Gwyliwch rhag eu harwain hyd lwybrau distryw. Ni all Cymru fyw ond fel cenedl unol. Peidiwch â chwarae o amgylch sectau enwadol a phleidiau gwleidyddol, ystyriwch yn gyntaf eich gwlad, a'i dyhead cenedlaethol – 'Cymru Rydd'. Sefwch fel apostolion gwirionedd a goleuni ymysg y bobl, pregethwch unoliaeth fel na fager llid rhwng rhanbarth a rhanbarth, talaith a thalaith, ond dysgwch i'r werin garu ei gilydd fel brodyr. Y mae ysbryd casineb yn cerdded trwy Gymru heddyw, ac nid ymddiriedwn yn ein pobl ein hunain, a sigla hwn sylfeini'r meddyliau goreu. Un amcan sydd, sef cael cenedl rydd, dysgwch i'r bobl garu Duw a dynion, ac yna fe gawn ryddid, hapusrwydd ac annibynniaeth. Rhaid i'r genedl os am fyw gael addysg genedlaethol. Hwn yw llwybr y wawr. Datodwch y rhwymau a mynnwch iddi ei gael. Nid meddyliau cenhedloedd eraill yw meddyliau ein cenedl ni, ac nid o ddelfrydau estronol y magwn nerth. Y mae i bob cenedl ei neges arbennig i ddynoliaeth, a gofyn Duw i ni, genedl y Cymry, draddodi ein neges ninnau. Trwy addysg a diwylliant cenedlaethol ac annibynnol yn unig y gallwn ddysgu ein neges. Arweinwyr Cymru, caffoch nerth i arwain y genedl i'w hawlfraint. Ymddiriedwch yng ngallu gwirionedd, boed gennych ffydd yn arucheledd eich hachos, ac yna fe dderbyniwch nerth i'w harwain i fuddugoliaeth.

Carwn Gymru, gyfeillion, a rhoddwn ein goreu er ei mwyn. Na utganwn ei diffygion ar bennau'r heolydd, ac na ddirmygwn hi, drwy floeddio ei gwendidau ar draws gwlad. Nid ydyw eto'n berffaith. Trwy eich cariad chwi y gellir perffeithio Cymru. Na chashewch genhedloedd eraill, ond cerwch hwynt, ac o'u bywyd goreu yfwch chwithau. Cynorthwywch hwynt pan safant dros y pur a'r da, ond ffieiddiwch eu pechodau. Gwasanaethwch Gymru fel y caiff ei pherffeithio a thrwy hynny fe wasanaethwch Dduw a dynoliaeth. Cerwch yr iaith a dysgwch hi i'r plant. Dysgwch hwynt i garu Cymru trwy adrodd iddynt hanes arwyr ein gwlad. Dangoswch iddynt lwybr rhyddid fel y magont nerth i sefyll dros Gymru, ac i'w harwain o'i chaethiwed i Wlad yr Addewid.

Dyma lwybr llwyddiant – llwybr y wawr. Fe ddaw Cymru'n rhydd os dysgwn y ffordd i'w charu.

Nodiadau

1: Rhagarweiniad

1 Cofeb i H.R. Jones ym mynwent Llandinorwig, Deiniolen, Awst 1975.
2 'Lloffion Bob Owen. Teyrnged i'r ddau – H.R. ac ALWYN', *Y Genedl Gymreig*, 7 Gorffennaf 1930, t. 3.
3 Saunders Lewis, *Y Ddraig Goch* – Gorffennaf 1930. Y Golygydd ar Nodweddion a Neges H.R. Jones, t. 3.

2: Dyddiau Cynnar

1 Gwilym R. Jones, 'H.R. Jones' yn *Adnabod Deg*, Gol. Derec Llwyd Morgan (Gwasg Gee, 1977).
2 Ibid.
3 Emyr Jones, *Canrif y Chwarelwr* (Gwasg Gee, 1963), tt. 59/60.
4 Ibid, t. 83.

3: H.R. yn yr Ysgol

1 H.G. Williams, 'Public Health in Gwyrfai 1875-1914', *Trafodion Cymdeithas Hanes Sir Gaernarfon*, Cyfrol 72, (2011), t. 70.
2 John Davies, *Hanes Cymru*, (Penguin, 1992), t. 398.
3 'Llyfr Log Ysgol Babanod Deiniolen', 3 Mai 1886 – 26 Mehefin 1901.
4 Ibid, Adroddiad ar gyflwr yr ysgol yn 1897 ac yn 1898.
5 H. G. Williams, ibid, tt. 71-73.
6 Ibid, t. 74.
7 Ibid, t. 75.
8 Gwilym R. Jones yn *Adnabod Deg*, t. 34.
9 'Trefnydd y Blaid', *Y Ddraig Goch*, Hydref 1926, t. 8.
10 G.J. Williams, *Y Wasg Gymraeg Ddoe a Heddiw* (Llyfrau'r Faner, 1970) t. 19.
11 *Yr Herald Cymraeg*, 'Llanddeiniolen', 4 Hydref 1904.
12 *Y Genedl Gymreig*, 'Clwt y Bont a'r Cylch', 16 Ionawr 1909.

4: Gweithio yn Chwarel Dinorwig

1 Emyr Jones, *Bargen Dinorwig* (Tŷ ar y Graig, 1980), t 147.

2 R. Merfyn Jones, *The North Wales Quarrymen 1874-1922* (Gwasg Prifysgol Cymru, 1982), t. 59; *Royal Commission on the Church of England and other religious bodies in Wales and Monmouthshire, 1910*, evidence of Rev. D.H. Williams, 6815-7355.
3 'Trefnydd y Blaid', *Y Ddraig Goch*, Hydref 1926, t. 8.
4 Emyr Jones, *Bargen Dinorwig*, t. 119.
5 Emyr Jones, *Canrif y Chwarelwr*, tt. 59-60.
6 Emyr Jones, *Bargen Dinorwig*, t. 59.
7 Cyfrifiad 1911.
8 John Davies, *Hanes Cymru*, t. 473.

5: Cyfnod H.R. yn Lerpwl
1 John Davies, *Hanes Cymru*, t. 405.
2 Gwilym R. Jones yn *Adnabod Deg*, t. 34.

6: Cyfraniad H.R. i Fywyd ei Bentref
1 Gracie Owen, *Cofio Deiniolen* (Siop y Pentan, Caernarfon, 1978).
2 Gwilym R. Jones yn *Adnabod Deg.*
3 Llyfrgell Genedlaethol Cymru, Papurau Plaid Cymru, Gohebiaeth Gyffredinol 1924.
4 Gwasanaeth Archifdy Cyngor Gwynedd, Caernarfon.
5 Emyr Jones, *Bargen Dinorwig*, t. 148.
6 *Yr Herald Cymraeg*, 18 Mawrth 1924.
7 Papurau Plaid Cymru, Gohebiaeth Gyffredinol 1924.
8 Ibid.
9 Gwasanaeth Archifdy Cyngor Gwynedd, Caernarfon.
10 Archifdy Gwynedd, 'Cofnodion Cyngor Plwyf Llanddeiniolen'.
11 Papurau Plaid Cymru, Gohebiaeth Gyffredinol 1926. Llythyr, 29 Mawrth 1926, at H.R.
12 Papurau Plaid Cymru, Gohebiaeth Gyffredinol 1926. Llythyr o'r General Post Office, Llundain, 19 Medi 1926.
13 Gwilym R. Jones yn *Adnabod Deg.*
14 W. J. Gruffydd, *Hen Atgofion* (Gwasg Aberystwyth, 1936).

7: 'Mi ddaw. Gewch chi weld; mi ddaw.'
1 R. Merfyn Jones, *The North Wales Quarrymen 1874-1922*, t. 109.
2 Gwilym R. Jones yn *Adnabod Deg*, t. 32.
3 J.E. Jones, *Tros Gymru J.E. a'r Blaid,* (Gwasg John Penry, 1970), t. 37.

4 Gwilym R. Jones yn *Adnabod Deg*, t. 32.
5 Ibid, t. 32.
6 John Emyr (Gol), *Lewis Valentine yn Cofio,* (Gwasg Gee, 1983), t. 23.
7 Gwilym R. Jones, t. 33.
8 John Emyr (Gol), t. 23.
9 J.E. Jones, t. 37.
10 Gwilym R. Jones, *Y Ddraig Goch*, Awst 1930, t. 4.
11 Gwilym R. Jones yn *Adnabod Deg*, t. 33.
12 Gwilym R. Jones yn *Adnabod Deg*, tt. 33-34.
13 Dewi Jones, 'Walter Sylvanus Jones (Gwallter Llyfni) 1883-1932', *Trafodion Cymdeithas Hanes Sir Gaernarfon 50 (1989),* t. 71.
14 Ibid, tt. 73-74.
15 *Yr Herald Gymraeg*, 23 Medi 1924, t. 8.
16 Ibid, 23 Rhagfyr 1924, 'Byddin Ymreolaeth – Cyfarfod yng Nghaernarfon', t. 6.
17 Llythyr gan Evan Alwyn Owen at H.R. Jones, 2 Medi 1924, Papurau Plaid Cymru.
18 Ibid, Llythyr gan Evan Alwyn Owen at H.R. Jones, 24 Tachwedd 1924.
19 Ibid, Llythyr gan Evan Alwyn Owen at H.R. Jones, 15 Rhagfyr 1924.
20 Richard Wyn Jones, *Rhoi Cymru'n Gyntaf – Syniadaeth Plaid Cymru: Cyfrol 1* (Gwasg Prifysgol Cymru, 2007), t. 58.
21 Llythyr gan W. S. Jones, *Yr Herald Cymraeg*, 23 Rhagfyr 1924, t. 8.
22 Llythyr gan Evan Alwyn Owen at H.R. Jones, 22 Rhagfyr 1924, Papurau Plaid Cymru.
23 Dewi Jones, '(Gwallter Llyfni) 1883-1932', tt. 75-76.
24 Ibid.

8: Y Gŵr o Ryd-ddu

1 Gwilym R. Jones, 'Un o sefydlwyr y Blaid – Evan Alwyn Owen', *Y Ddraig Goch,* Rhagfyr 1933, t. 9.
2 Ibid.
3 Angharad Price, *Ffarwél i Freiburg – Crwydriadau Cynnar T.H. Parry Williams* (Gwasg Gomer, 2013).
4 Ibid.
5 Ibid, tt. 17-18.

6 Gwilym R. Jones yn *Y Ddraig Goch*; *Y Genedl Gymreig*, 30 Mehefin 1930, 'Rhyd-Ddu'.
7 Gwilym R. Jones yn *Y Ddraig Goch.*
8 Ibid.
9 Llythyr 3 Hydref 1924 , Papurau Plaid Cymru.
10 Ibid, Llythyr 8 Hydref 1924.
11 *Y Genedl Gymreig*, 30 Mehefin 1930, 'Rhyd-Ddu'.
12 *Yr Herald Cymraeg*, 3 Chwefror 1925, 'Y Rhyd Ddu'.
13 *Yr Herald Cymraeg*, 1 Ionawr 1924, 'Y Rhyd Ddu'.
14 Llythyr gan Evan Alwyn Owen at H.R., 31 Awst 1926 , Papurau Plaid Cymru.
15 *Y Ddraig Goch*, Awst 1926, t. 4.
16 Llythyr gan Evan Alwyn at H.R. Jones, 4 Chwefror 1927, Plaid Genedlaethol Cymru – Archifau Prifysgol Bangor.
17 Llythyr gan Alwyn Owen at H.R., 4 Chwefror 1927, Papurau Plaid Cymru.
18. Ibid, Llythyr gan Alwyn Owen at H.R., 8 Mawrth 1927.
19 Ibid, Llythyr gan Alwyn Owen at H.R., 1 Awst 1928.
20 Ibid, Llythyr gan Alwyn Owen at H.R., 14 Ionawr 1929.
21 Ibid, Llythyr gan Alwyn Owen at H.R., 14 Awst 1929.
22 Gwilym R. Jones, 'Un o sefydlwyr y Blaid...'
23 *Y Genedl Gymreig*, 14 Gorffennaf 1930.
24 Gwilym R. Jones yn *Adnabod Deg*, t. 38.
25 'Lloffion Bob Owen ...', *Y Genedl Gymreig*, 7 Gorffennaf 1930, t. 3.
26 Cofrestriad Cyffredinol 1939.

9: Dwy a Roddodd Oes o Wasanaeth

1 Gwilym R. Jones, 'Ledled Cymru', *Baner ac Amserau Cymru*, 2 Medi 1971.
2 Robin Humphreys (Gol), *Lloffion o Ddyddiaduron 1920-1926 Ambrose Bebb* (Gwasg Prifysgol Cymru, 1996), 15 Medi /15 a 18 Hydref 1924.
3 Ibid, Dydd Sadwrn, 2 Mai 1925.
4 Lewis Valentine, 'Y Ferch a Feddai Ddicter Sanctaidd' – Teyrnged gan L.E. Valentine i Mai Roberts, *Y Ddraig Goch*, Tachwedd 1971, t. 4.
5 Kate Roberts, 'Mai Roberts – Cylch y Merched', *Y Ddraig Goch*, Medi 1926.
6 Ibid.

7 *Y Ddraig Goch*, Hydref 1926, t. 8.
8 Llythyr at Mai Roberts, 2 Mawrth 1927, Archifau Prifysgol Bangor.
9 L.E. Valentine. 'Y Ferch a Feddai Ddicter Sanctaidd', t. 4.
10 Gwilym R. Jones, 'H.R. Jones' yn *Adnabod Deg*, t. 37.
11 O.M. Roberts, *Oddeutu'r Tân* (Gwasg Gwynedd, 1994), t. 86.
12 Mair Saunders (Gol), *Bro a Bywyd Saunders Lewis 1893-1985*, (Gwasg Dwyfor, 1987), t. 57.
13 Mair Saunders Jones, Ned Thomas and Harri Pritchard Jones (Ed), *Saunders Lewis: Letters to Margaret Gilcriest*, (Gwasg Prifysgol Cymru, 1993), t. 604, Wormwood Scrubs, 26 May 1937.
14 Saunders Lewis, llythyr 16 Tachwedd 1971 yn cydymdeimlo gyda Priscie.
15 Gohebiaeth Mai Roberts, Taflen Etholiad Cyngor Sir Gaernarfon, Dosbarth Llanddeiniolen Uchaf, Elizabeth May Roberts, 6 Mawrth 1937, Archifau Prifysgol Bangor.
16 Ibid.
17 Llythyr 9 Mai 1938, Papurau Prisie Roberts, Glanrhydfadog, Gwasanaeth Archifau Gwynedd.
18 L.E. Valentine. 'Y Ferch a Feddai Ddicter Sanctaidd', t. 4.
19 Papurau Priscie Roberts.
20 Cassie Davies, 'Mai Roberts – Un a Harddodd Lawer ar Fywyd Cymru', *Y Ddraig Goch*, Tachwedd 1971, t. 4.
21 LlGC, H.R. Jones a J.E. Jones: Llyfr Cofnodion Cyntaf Pwyllgor Gwaith y Blaid Genedlaethol 1925-1932; Pwyllgor Ysgol Haf Llandeilo, Awst 1928.
22 D.J. Williams, Papurau Plaid Cymru, Llythyr 2 Hydref 1955.
23 Papurau Priscie Roberts, Llythyr gan Kate Roberts at Priscie, 9 Awst 1971.
24 Lewis E. Valentine, 'Y Ferch a Feddai Ddicter Sanctaidd', t. 4.
25 Papurau Priscie Roberts, Llythyr at Priscie a Katie gan Lewis Valentine, 9 Awst 1971.
26 Papurau Priscie Roberts, Llythyr gan Gwynfor Evans at Priscie, 10 Awst 1971.
27 Gwilym R. Jones, *Baner ac Amserau Cymru*, 2 Medi 1971.

10: Yr Uniad Hanesyddol ym Mhwllheli

1 Robin Humphreys (Gol), *Lloffion o Ddyddiaduron 1920-1926 Ambrose Bebb.*

2 Ibid.
3 Papurau Glanrhydfadog – XM/4595/69. Archifdy Gwynedd, Caernarfon.
4 Ibid.
5 Ibid.
6 Saunders Lewis, 'Teyrnged i H.R.' *Y Ddraig Goch*, Gorffennaf 1930.
7 Llythyr gan Saunders Lewis at H.R. Jones, 1 Mawrth 1925, Papurau Plaid Cymru.
8 Ibid, Llythyr gan Saunders Lewis, 19 Mawrth 1925.
9 'Led-Led Cymru', *Baner ac Amserau Cymru*, 1925, t. 5.
10 D. Hywel Davies, *The Welsh Nationalist Party 1925-1945* (University of Wales Press, 1983), t. 42.
11 John Emyr (Gol), *Lewis Valentine yn Cofio*.
12 Saunders Lewis, 'Cymreigio Cymru; Y Blaid Genedlaethol Gymreig. Rhaglen: Sut i Fynd Ati', *Baner ac Amserau Cymru*, 9 Ebrill 1925, t. 5.
13 Ibid.
14 Cerdyn post dyddiedig 1 Mai 1925 gan L.E. Valentine at H.R., Papurau Plaid Cymru.
15 *Baner ac Amserau Cymru*, 'Led-Led Cymru', 14 Mai 1925, t. 5.
16 Robin Humphreys (Gol), *Lloffion o Ddyddiaduron 1920-1926 Ambrose Bebb*, 23 Mai 1925.
17 Lewis Valentine at H.R., 14 Gorffennaf 1925, Papurau Plaid Cymru.
18 John Emyr (Gol), *Lewis Valentine yn Cofio*.
19 Papurau Glanrhydfadog – XM/4595/69. Archifdy Gwynedd, Caernarfon.
20 Lewis Valentine, 'Y Ferch a Feddai Ddicter Sanctaidd' – Teyrnged gan L.E. Valentine i Mai Roberts, *Y Ddraig Goch*, Tachwedd 1971, t. 4.
21 Robin Humphreys (Gol), *Lloffion o Ddyddiaduron 1920-1926 Ambrose Bebb*, t. 249.
22 Robin Humphreys (Gol), *Lloffion o Ddyddiaduron 1920-1926 Ambrose Bebb*, tt. 257-8.
23 J.E. Jones. *Tros Gymru*.
24 Llyfr Cofnodion Cyntaf Pwyllgor Gwaith y Blaid Genedlaethol, 1925-1932, Papurau Plaid Cymru.
25 Llythyr at H.R. gan Saunders Lewis, dim dyddiad, Papurau Plaid Cymru.

26 Gwilym R.Jones yn *Adnabod Deg*, t. 35.
27 J.E. Jones, *Tros Gymru*.
28 Saunders Lewis, 'Teyrnged i H.R.' *Y Ddraig Goch*.

11: Gosod y Blaid Newydd ar ei Thraed

1 T. Robin Chapman, *Un Bywyd O Blith Nifer – Cofiant Saunders Lewis*, (Gwasg Gomer, 2006), t. 106.
2 Llythyr gan Saunders Lewis at H.R., 1 Medi 1925, Papurau Plaid Cymru.
3 H.R. Jones a J.E. Jones, Llyfr Cofnodion Cyntaf Pwyllgor Gwaith y Blaid, Aberystwyth 1925.
4 Dr. Iorwerth Hughes Jones – BOC3 M1/1 Ffeil Plaid Cymru.
5 *Y Ddraig Goch*, Gorffennaf 1926, t. 2.
6 John Davies, *Hanes Cymru*, tt. 499-500.
7 Llythyr gan Saunders at H.R., Medi 1925; Llythyr gan D.J. at H.R., 25 Mawrth 1926, Papurau Plaid Cymru.
8 Ibid, Llythyr gan D.J. at H.R., 15 Chwefror 1926.
9 *Y Ddraig Goch*, 'Nodiadau'r Mis', Medi 1926.
10 Llyfr Cofnodion Cyntaf Pwyllgor Gwaith y Blaid, Aberystwyth 1925.
11 Ambrose Bebb, *Y Ddraig Goch*, Mehefin 1926, t. 1.
12 Llythyr gan D.J. at H.R., 15 Chwefror 1926, Papurau Plaid Cymru.
13 J.E. Jones, *Tros Gymru*, tt. 34-36.
14 'Dyfodol y Blaid Genedlaethol', *Y Ddraig Goch*, Medi 1926, t. 2.
15 Ibid.
16 Llythyr gan Saunders at H.R., 3 Medi 1926, Papurau Plaid Cymru.
17 Ibid, Llythyr gan Saunders at H.R., dim dyddiad.
18 Emyr Hywel (Gol), *Annwyl Val – Gohebiaeth rhwng Lewis Valentine, D.J. Williams a Saunders Lewis, 1925-1983*, t. 63, Llythyr gan L.E. Valentine at D.J. Williams, tua diwedd Awst 1926.
19 Llythyr gan D.J. Williams at H.R., 4 Hydref 1925, Papurau Plaid Cymru.
20 *Y Ddraig Goch,* Medi 1926, t. 8.
21 T. Robin Chapman, *Un Bywyd o Blith Nifer*, t. 113.
22 *Annwyl Kate, Annwyl Saunders, Gohebiaeth 1923-1983*, Gol Dafydd Ifans (Llyfrgell Genedlaethol Cymru, 1992), Llythyr gan Kate Roberts at Saunders Lewis, 10 Hydref 1926.

23 Ibid.
24 *Y Ddraig Goch*, Medi 1926, t. 7.
25 J.E. Jones, *Tros Gymru*, t. 34.
26 Llythyr gan H.R. at Saunders Lewis, 16 Chwefror 1927, Papurau Plaid Cymru.
27 Ibid, Llythyr gan Saunders Lewis at H.R., 13 Chwefror 1927.
28 Emyr Jones, *Canrif y Chwarelwr*, t. 50.
29 Llythyr gan H.R. at Saunders Lewis, 2 Mawrth 1927, Papurau Plaid Cymru.
30 Ibid, Llythyr gan H.R. at y Fonesig Mallt Williams, 2 Mawrth 1927.
31 Gwilym R. Jones yn *Adnabod Deg*, t. 36.
32 Gohebiaeth rhwng H.R. a Mai Roberts, 21 Chwefror 1927; 23 Chwefror 1927; 7 Mawrth 1927, Archifau Prifysgol Bangor.
33 *Y Ddraig Goch*, Medi 1928, t. 4, 'Blwyddyn o Waith. Adroddiad y Trefnydd 1927-28. Etholiadau lleol'.
34 Gwilym R. Jones yn *Adnabod Deg*, t. 44.
35 *Baner ac Amserau Cymru*, 6 Mawrth 1928.
36 Dafydd Ifans (Gol). *Annwyl Kate, Annwyl Saunders*, Llythyr gan Kate Roberts at Saunders Lewis, 20 Mawrth 1928, t. 34.
37 William George, 'Polisi Pwdu – Y Blaid Genedlaethol a'r Senedd', *Baner ac Amserau Cymru*, 20 Mawrth 1928.
38 Llythyr gan Prosser Rhys at H.R., 8 Mawrth 1928, Papurau Plaid Cymru.
39 *Y Ddraig Goch*, Ebrill 1928, t. 2.
40 *Y Ddraig Goch*, Medi 1928, t. 4.
41 Llyfr Cofnodion Cyntaf Pwyllgor Gwaith y Blaid Genedlaethol, Pwyllgor a gynhaliwyd yng ngwesty Pendref, Caernarfon, Dydd Mercher, 3 Ebrill 1929.
42 Gwilym R. Jones yn *Adnabod Deg*, t. 37.
43 O.M. Roberts, *Oddeutu'r Tân*, t. 46.
44 H.R. Jones, *Y Ddraig Goch*, Mehefin 1929, t. 8.
45 Llyfr Cofnodion Cyntaf Pwyllgor Gwaith y Blaid Genedlaethol, Pwyllgor brys, Gwesty Pendref, Caernarfon, 30 Mai 1929.
46 Llythyr gan Saunders Lewis at H.R., 6 Mawrth 1929, Papurau Plaid Cymru.
47 Ibid, Llythyr gan H.R. at Saunders Lewis, 25 Mehefin 1929.
48 Ibid, Llythyr gan Saunders Lewis at H.R., 6 Rhagfyr 1929.
49 Llythyr gan D.J. Williams at H.R., 30 Ebrill 1930, Papurau Plaid Cymru.
50 J.E. Jones, *Tros Gymru*, t. 97.

12: Hynt a Helynt H.R. fel Trefnydd

1 J.E. Jones, *Tros Gymru*, t. 38.
2 Gwilym R. Jones yn *Adnabod Deg*, t. 35.
3 Alun Oldfield Davies (Gol), *Y Llwybrau Gynt 2* (Gwasg Gomer, 1972), tt. 80-81.
4 O.M. Roberts, *Oddeutu'r Tân*, t. 41.
5 Ibid, t. 46.
6 Llythyr gan Iorwerth C. Peate at H.R., 15 Mawrth 1926, Papurau Plaid Cymru.
7 Llythyr gan Lewis Valentine at H.R., Papurau Plaid Cymru.
8 Llythyr gan Kate Roberts at H.R., 20 Ebrill 1928, Papurau Plaid Cymru.
9 Llythyr o eiddo Dr. Iorwerth Hughes Jones, 6 Mawrth 1926, yn llawysgrif H.R. Jones, Papurau Plaid Cymru.

13: Marwolaeth H.R.

1 Dafydd Ifans (Gol), *Annwyl Kate, Annwyl Saunders*, Llythyr Kate Roberts at Saunders Lewis, 26 Mehefin 1930, tt. 65-66.
2 Emyr Hywel (Gol), *Annwyl Val*, Llythyr oddi wrth Saunders at Lewis Valentine, Mehefin 1930, t. 74.
3 Gwilym R. Jones yn *Adnabod Deg*, t. 38.
4 Ibid.
5 *Y Genedl Gymreig*, Mehefin 1930, 'Trefnydd y Blaid Genedlaethol – Angladd Mr. H.R. Jones'.
6 Llythyr 30 Mehefin 1930 at fam H.R. Does dim enw i awdur y llythyr, Papurau Plaid Cymru.
7 Llyfr Cofnodion Cyntaf Pwyllgor Gwaith y Blaid Genedlaethol, Pwyllgorau Ysgol Haf Llanwrtyd, 11 Awst 1930.
8 Llythyr gan Elinor Jones (chwaer H.R.) at Moses Griffith, 27 Awst 1930, Papurau Plaid Cymru.
9 Saunders Lewis, Teyrnged i H.R. *Y Ddraig Goch*, Gorffennaf 1930, t. 3.
10 Llythyr gan Elinor Jones at Moses Griffith, 29 Tachwedd 1930, Papurau Plaid Cymru.
11 Llythyr gan Saunders Lewis at Valentine, 12 Tachwedd 1930, Papurau Plaid Cymru.

14: Teyrngedau i H.R.

1 Saunders Lewis, *Y Ddraig Goch*, Gorffennaf 1930, t. 3, 'Y Golygydd ar Nodweddion a Neges H.R. Jones'.

2 Lewis Valentine, *Y Ddraig Goch*, t. 3. Awst 1930.
3 Ibid, D.J. Williams.
4 Ibid, Kate Roberts.
5 Ibid, y Parch. Llywelyn Boyer.
6 Ibid, Bob Owen, Croesor.
7 Ibid, Gwilym Williams.
8 J.E. Jones, *Tros Gymru*, t. 153.
9 Gwilym R. Jones, *Y Ddraig Goch*, Awst 1930.

15: Cofio H.R. dros y Can Mlynedd Diwethaf

1 Gwilym R. Jones yn *Adnabod Deg* , tt. 39-40.
2 Ysgol Haf y Blaid ym Mhwllheli 1975, Prynhawn dydd Sul, 3 Awst 1975, Cyfarfod Coffa H.R. Jones yn Eglwys Crist, Llandinorwig, Deiniolen.
3 *Eco'r Wyddfa*, Gorffennaf/Medi 1981, t. 19.
4 Dafydd Iwan, *Cant o Ganeuon,* (Y Lolfa, 1982).
5 *Eco'r Wyddfa,* Gorffennaf 2023.

Atodiad 5: H.R. a'i Ddawn Lenyddol

1 Gwilym R Jones yn *Adnabod Deg,* t. 33.
2 Y Prifardd Ieuan Wyn.
3 Casgliad deunydd H.R. yn Archifdy Gwynedd, Caernarfon.

Llyfryddiaeth

Llyfrau

Chapman, T. Robin, *Un Bywyd o Blith Nifer – Cofiant Saunders Lewis* (Gwasg Gomer, 2006)

Davies, Alun Oldfield (Gol), *Y Llwybrau Gynt 2* (Gwasg Gomer, 1972)

Davies, D. Hywel, *The Welsh Nationalist Party 1925-1945* (Gwasg Prifysgol Cymru, 1983)

Davies, John, *Hanes Cymru* (Penguin, 1992)

Emyr, John (Gol), *Lewis Valentine yn Cofio* (Gwasg Gee, 1983)

Humphreys, Robin (Gol), *Lloffion o Ddyddiaduron 1920-1926 Ambrose Bebb* (Gwasg Prifysgol Cymru, 1996)

Hywel, Emyr (Gol), *Annwyl Val – Gohebiaeth rhwng Lewis Valentine, D. J. Williams a Saunders Lewis, 1925-1983* (Y Lolfa, 2022)

Ifans, Dafydd (Gol), *Annwyl Kate, Annwyl Saunders, Gohebiaeth 1923-1983* (Llyfrgell Genedlaethol Cymru, 1992)

Iwan, Dafydd, *Cant o Ganeuon* (Y Lolfa, 1982)

Jones, Emyr, *Bargen Dinorwig* (Tŷ ar y Graig, 1980)

Jones, Emyr, *Canrif y Chwarelwr* (Gwasg Gee, 1963)

Jones, J. E., *Tros Gymru – J. E. a'r Blaid* (Gwasg John Penry, 1970)

Jones, Mair Saunders et al (Goln), *Saunders Lewis: Letters to Margaret Gilcriest* (Gwasg Prifysgol Cymru, 1993)

(Jones), Mair Saunders (Gol), *Bro a Bywyd Saunders Lewis 1893-1985* (Gwasg Dwyfor, 1987)

Jones, R. Merfyn, *The North Wales Quarrymen 1874-1922* (Gwasg Prifysgol Cymru, 1982)

Jones, Richard Wyn, *Rhoi Cymru'n Gyntaf – Syniadaeth Plaid Cymru: Cyfrol 1* (Gwasg Prifysgol Cymru, 2007)

Morgan, Derec Llwyd (Gol), *Adnabod Deg* (Gwasg Gee, 1977)

Owen, Gracie, *Cofio Deiniolen* (Siop y Pentan, Caernarfon, 1978)

Price, Angharad, *Ffarwél i Freiburg – Crwydriadau Cynnar T.H. Parry Williams* (Gwasg Gomer, 2013)

Roberts, O. M., *Oddeutu'r Tân* (Gwasg Gwynedd, 1994)

Royal Commission on the Church of England and other Religious Bodies in Wales and Monmouthshire, 1910

Williams, G. J., *Y Wasg Gymraeg Ddoe a Heddiw* (Llyfrau'r Faner, 1970)

Erthyglau

Jones, Dewi, 'Walter Sylvanus Jones (Gwallter Llyfni) 1883-1932', *Trafodion Cymdeithas Hanes Sir Gaernarfon*, Cyfrol 50, 1989

Williams, H. G., 'Public Health in Gwyrfai', *Trafodion Cyndeithas Hanes Sir Gaernarfon*, Cyfrol 72, 2011

Archifau

Archifau a Chasgliadau Arbennig Prifysgol Bangor, Plaid Genedlaethol Cymru

Archifdy Gwynedd, Caernarfon

Cofrestriad Cyffredinol 1939

Cyfrifiad 1911

Llyfrgell Genedlaethol Cymru, Papurau Plaid Cymru

Papurau newydd

Baner ac Amserau Cymru

Eco'r Wyddfa

Y Darian

Y Ddraig Goch

Y Genedl Gymreig

Yr Herald Cymraeg